Fool on the SNS

―センセイハ憂鬱デアル―

仲正昌樹
Masaki Nakamasa

【編集部解題】

◉本著『Fool on the SNS』——センセイハ憂鬱デアル——は、弊社のブログ『月刊極北』（http://meigetu.net/）に、二〇一二年九月二七日〜二〇一六年九月二日の四年間に渡って連載された著者の寄稿をまとめたものである。

◉この種の書籍の宿命として、ある程度、分量の制限を考慮せざるを得なかったり、あるいは編集の体裁上やむを得ず、若干削らざるを得なかったが、ほぼ全文が収められており、削られたことによって、著者が連載に託して吐露せんとした意図まで減殺されたり、読者に曲解誤読を与えるような余地はまったくないはずである。

◉本著では人名を敢えて伏せるようなことをしなかった。ヒトを斬ろうとする者は自らも斬られる覚悟が必要である。匿名・成り済ましが横行し、自らは安全地帯に身を隠し、背後から人を斬ることは許されない。そもそも、かかるSNS言論空間に巣くう〝末人論客〟を成敗せんと臨んだ本著に匿名はあり得ないのだった。本著カバーに〝真剣勝負〟と記し、また〝筆誅！〟と記した所以である。

目次

「毒者」は何を求めているのか　二〇一二年九月二七日　8
バカの一つ覚え　二〇一二年一二月三〇日　10
「哲学を学んだ」と称するクズども　二〇一三年三月一日　15
二流大学の厄介な学生　二〇一三年四月一日　21
何も考えてない〝学生〟たち　二〇一三年五月七日　27
悪質な二流人間が生まれる理由　二〇一三年七月三日　32
ネット世界の末人たち　二〇一三年一〇月七日　43
批判と誹謗中傷　二〇一三年一二月一二日　50
アニメ・アイコンの暴言は何故腹立たしいのか　二〇一四年二月七日　54

〝イイ先生〟と〝ワルイ先生〟　二〇一四年三月一〇日　58
自殺スイッチと〝カルト〟　二〇一四年七月五日　64
「スーパーグローバル大学」とは何か　二〇一四年一一月六日　74
奇蹟の誤読　二〇一五年二月二日　81
ＰＣ教団化する〝経済論客〟たち　二〇一五年三月一日　92
やたらと「ピケティ」の名を口にしたがる人達の基礎学力　二〇一五年四月三日　108
自分の興味がないことは無駄だと決めつける〝読者〟　二〇一五年五月三日　117
法学部の傲慢　二〇一五年六月四日　128
訳が分かっていないのに、「ポモはダメ！」と言いたがる残念な人達　二〇一五年七月五日　137

ソーカル教にすがりついてしまう廃人たち　二〇一五年八月三日　147
哲学や文学研究はカンタンだと思っている連中の大言壮語　二〇一五年八月三〇日　165
誤読狂人の初期症状　二〇一五年一〇月三日　175
「アベ」をバカにするのが、「反・反知性主義」の実践だと思っている人たち　二〇一五年一一月四日　184
自分の思い通りに事態が進行しないと世界は破滅すると思い込んでしまう病　二〇一五年一二月六日　195
ソフトバンクグループは、「Ｙａｈｏｏ！知恵袋」を廃人養成所にしたいのか　二〇一六年四月四日　201
〝文章力〟幻想　二〇一六年五月八日　214
「俺が勉強に関心を持てないのは教師のせい！」と恥ずかし気もなく言ってのけるモンスターたち　二〇一六年六月六日　222
「嫌儲≒ネトウヨ」と「文科省」と「超ワカリヤスイ講師」はお友達　二〇一六年七月七日　233

「毒者」は何を求めているのか　二〇一二年九月二七日

人文系の本を書いていて一番イヤなことは、ネット上で、想定外にひどい「毒者」に出くわすことである。「毒者」というのは言うまでもなく、ちゃんと読んでいないのに、その本の著者をバカに見せようとして、様々な誹謗中傷をブログやツィッターで——多くの場合、匿名で——書き散らし、それに同意する者が一人でも出てくると、有頂天になり、論客ぶった物言いを始めようとする、どうしようもない輩である。

目にあまるので、「書いてないことを書いてあるかのようにでっちあげて、誹謗するのはやめてもらいたい」、と抗議すると、「知識人は、（誹謗中傷を含めて）あらゆる批判を受け入れる義務がある」とか、「言論弾圧だ！」とか、「あなたが世間知らずで人格破綻者であることが判明した。私の言った通りだ」、とか、無茶苦茶なことを言って、更に騒ぐ——。〝論客〟のやることか！　多分、臆病さと、相手にしてもらった嬉しさが入り混じった、原始的な反応なのだろう。

この手の「毒者」の吠え方は、いくつかのお決まりのパターンがある。

①著者の人格を勝手に想像し、「どうしてこんなに人格が歪んでしまったのか」、と悪気なさそうにツブヤク、
②自分なりの妙な〝現実〟観に基づいて、「現実を見ていない!」、と知識人批判もどきをする、
③自分が〝尊敬〟する他の知識人と――ほとんど争点がないのに――無理やり比較して、「こいつはダメ!」だと断ずる、
④自分の中で〝定説化〟している〝学問の常識〟に照らして、ニセ学者呼ばわりする。

ハンナ・アーレント(1906～1975)

ある特定の学者・知識人のファンを自称している人間には、この四つの全てに当てはまりそうなのが少なくない。最近の私の経験からすると、「ハンナ・アーレント通」がひどい。アーレントには、「マイノリティとしての苦しみに耐え続けた人」というイメージがあるので、そういう餌に虫が引き寄せられるのだろう。純粋に〝素人〟だけならまだいいが、〝プロ〟になりかけている連中も結構いるので、イヤになる。

今ちょうど、アーレントについての短い論文を書いているし、アーレントに関する仕事を企画している。だから、ひどく憂鬱である。

バカの一つ覚え　二〇一二年一二月三〇日

ネット上には、知識人や学者を執拗に攻撃し、「こんなので、〇〇大学教授をやっているなんて……」とツブヤき溜飲を下げたつもりになっている輩がいる。そうやって罵倒することで、暗に、「こんな奴より、私の方がはるかに優秀だ。その優秀な私が評価されないのは、世の中の方が間違っている！」と言いたいわけである。自分が優秀だと証明したいのなら、ちゃんとした論文あるいは評論の形で、独創的な議論を展開し、（まともな知識人や編集者から）注目を集めることに力を注げばよさそうなものだが、それだけの自信がないのだろう。あるいは、既に試みて挫折したのかもしれない。それで、ある程度名前が知られている知識人の文章の粗を必死になって探し、〝批判〟もどきをすることに終始することになる。「粗を発見する」ことが大前提になっているので、とんでもない誤読をしがちである。しかし、本人は、まともな知的訓練を受けていないので、誤読だと思わないというより、何が誤読なのかさえ分かっていない。だから無邪気に、自分の目から見て〝学者の無知〟のように見えるものを〝発見〟し、鬼の首を取ったかのような気分になれる。バカげた振る舞いなのだが、その手の〝自称論客〟をフォローし、〝情報〟交換しているのは、同じ様な人種なので、同じ様な早とちりで、すぐに〝賛同〟する。「こんなバカが学者をしているなんて……」というフレーズで共感し合う。それが、快感なのだろう。

この手の人たちに一般的に見られる傾向として、「バカの一つ覚え」がある。自分が学校あるいは大学で、尊敬する先生に〝教えてもらったこと〟あるいは、有名な学者が本で書いている文章から〝感銘を受けたこと〟を、金科玉条扱いする。無論、ほとんどの場合、〝教えてもらったこと〟あるいは〝感銘を受けたこと〟は、本人の頭の中でかなり単純化され、歪曲されている。にもかかわらず、その単純化、歪曲された〝金科玉条〟を、〝似非知識人〟に対する批判に応用しようとする。例えば、尊敬する先生が、「文章を書くときは、自分の考えをはっきり述べないといけない。他人の考えをコピペしただけの文章は読むに値しない」と教えてくれたとする。「自分の考えをはっきり述べる」というのが、具体的にどういうことを指しているのかは、その先生がどういう種類の文章を念頭において発言したのか、文脈を特定しないと分からない。というより、ほとんど意味をなさない。「自分の考えをはっきり述べる」というフレーズ自体が、かなり言い古されている。

『教養としてのゲーテ入門』（新潮選書、2016 年）

しかし、バカにはそれが分からない。『〇〇哲学入門』という本を読んだ感想として、「この著者はひたすら過去の偉大な哲学者の言葉を紹介するだけで、自分の考えを述べようとしない。〝こんなのは、学者と呼ぶには値しない〟と、尊敬する△△先生もおっしゃっていた」、などと平気でツブやく。入門書もしくは教科書を〝読んだ後〟――本当に〝読んだ〟と言えるほどの知的作業を行っているかどうかさえ怪しいが――で、そんなことをツブヤくのは全くもって見当外れなのだが、バカには、そういう当たり前のことさえ分からない。

自身のアタマで考えようとしない〝思考的怠惰〟

そもそも、入門書や教科書であっても、書き手自身の考えが全く反映されていないなどということはあり得ない。同じ主題について全く同じ事を述べているように見える文章でも、比べてみると、書き手ごとの癖、考え方の違い、場合によっては、学問観が見て取れることが少なくない。更に言えば、分かり切った話でも、書き方によっては、読者に新しい視点を与えてくれることがある。細部の違いに注目することが、大きな発見に繋がることもある。

優秀な人間はそういう発見をするものだが、バカにはそんな発見ができるわけがない。自分が、既に知っているようなことしか書かれていなかったら、「この著者は無能だ。こんなのは私でも書ける」と即断する。では、本当に書けるのか、自分の言葉で説明できるのかというと、当然、無理である。「それだけ分かっているのなら、何がポイントなのか要約して説明して下さい」、と言われても、ほとんど何も答えられない。分かったつもりになっていただけである。ひょっとすると、やはりどこぞの偉い先生に、「分かり切ったことしか書けない奴は無能だ。読者がつまらないと思うのは、その著者に書く力量がないからだ」、と〝教えて〟もらったのかもしれない。そんなことをマジで言っているとしたら、その〝偉い先生〟自身相当のバカである。

先ほどの教科書の話よりも、一見多少まともに見える「バカの一つ覚え」のありがちなパターンに、「○○の△△論は、既に□□の▽▽論によって論破され、完全に過去のものになっているはずだ。それを未だに言っている◎◎は全然ダメだ」、という言い方がある。多くの場合、その手のことを言うのは、論争している一方の陣営の誰かである。端から信用することはできない。バカは、その手の発言の孫引きの孫引きくらいのものを、どこかで仕入れてくる。そして、それが既定事実になっていると単純に思い込む。何故、その人の発言が学術的に信頼できるのか、と聴かれても、答えられない。多分、〝信頼できる偉い先生〟の発言なのだろう。その手の孫引きの孫引きは、当然のことながら、かなり歪んで、単純化されている。

文章を読む――その一事にも鍛錬を要す

私にとって多少馴染みのある分野だと、「ポストモダンの欺瞞性は、ソーカル事件によって完全に露呈され（これについて詳しくは、本書137頁参照）、ポストモダニストたちは完全に論破された」という言い古された言い方がある。2ちゃんねるで、その手の書き込みをしつこくやっている奴がいる。その連中のほとんどは、ポストモダンのどういう欺瞞が暴露されたという話なのか分かっていないし、ソーカル事件がどういうものかも知らない。ましてや、そのソーカル事件なるものによって、ポストモダニストが廃業しなければならなくなる理由など、説明できるはずもない。説明できないくせに、真理を掴んだつもりになっていて、その言い分を認めない学者、知識人を廃人扱いするので、全然話にならない。

高校の英語や世界史・日本史の授業で習う内容から哲学の専門的論争の内容に至るまで、様々なレベルでの「バカの一つ覚え」がある。ネット上のバカたちは、そうした自分の一つ覚えに基づいて、似非知識人を成敗したつもりになり、悦に入っている。

極めて当たり前のことだが、文章にはいろんな解釈の仕方がある。文系の学者、知識人になろうと思えば、どういう種類の文章をどう読むべきかについて、基本的ルールがあることを理解し、そのルールを習得しなければならない。ただし、ルールブックのようなものに全て書いてあるわけではないので、実地で少しづつ学ぶしかない。大学の演習とか読書会のような場に出席し、その分野の常識を無視したとんでもない誤読をしたり、横道にそれたりしないよう、お互いに批判し合う必要がある——素人だけの〝読者会〟だと、バカの相乗効果が生じる恐れがある。〝偉い先生の教え〟(と自分が勝手に思い込んでいること)も、様々な角度から捉え直す必要がある。

しかし、バカはそういう面倒くさい手続きが必要なことを分かろうとしない。だから、努力しない。一つ覚えしたバカのままである。

「哲学を学んだ」と称するクズども　二〇一三年三月二日

　ネット上で哲学・思想書の著者を――その本自体をよく読まないまま――バカ呼ばわりしたり、思想関係の講演会・トークセッションに出かけていって質問タイムに、「あなたは肝心なことが分かっていない！」と叫んで、一人で悦に入っているようなバカの多くは、「私は哲学を学んだ」と主張する。「ちゃんとした哲学」を学んだので、似非哲学研究者、似非思想史家を見抜けるという前提に立っているのだろう。こういう輩は、そういう見苦しい振る舞いをすることで、自分自身が何重もの意味で〝非哲学的〟な人間であることを実証していることに気付いていないのだろうか？

　先ず、どうして哲学書を読んだり、講演やトークセッションを聴きに行くのだろうか？　無礼なクズ連中が、自分自身の中で、「哲学するとはどういうことか」について明確な基準を持っているとしたら、〝哲学〟に関して他人から教えてもらうことなどないはずだ。

　最も本来の意味での「哲学」は、自分にとって本質的な問いであることをとことん追求することである。自分でそういう「問い」を見つけて、既に探求しているのであれば、他人から何かを教えてもらう必要などないはずである。「私は哲学を学んだ」と称する人間が、他人の見解を気にすること自体がそもそもおかしいし、その見解が気に入らないからといって、不特定多数の第三者に宣伝して回るのは、尚更おかしい。自分自身の「哲学」にとって時間の無駄であるうえ、他人が「哲学する」のを妨害し、不快感を与えている。そんなことが分からないバカには、「哲学を学んだ」と称する資格はない。

他人の考え方を参照することが必要になるのは、

①自分に取っての本質的な問いが何となくあるのだが、うまく言葉にできない場合、
②どのように自分の考えを進めていったらいいのか、うまく論理的に整理できない場合――。

のいずれかである。世の中で〝専門的な哲学者〟として通っているのは、この二つの側面において、的確に言葉を操ることができる（と多くの人から認められている）達人である。

大学で学科として教えられ、研究されている学問としての「哲学」、狭義の「哲学」は、その人たちが〝達人〟であるように見えるのは何故か、どうやったら、その〝達人たちの言葉〟を更に完成度の高いものにすることができるのかを探求する営みである。当然、そういう学問的探求は、既に成されている研究（先行研究）を下敷きにして、特定の方向へと専門化していくものなので、各人の哲学的関心とはズレる可能性が高い。哲学書を読んだり、大学等での哲学に関する講義を聴いたりする際には、その当然のことを心得ておくべきである。それを心得ないまま、「本質を外している！　哲学ではない！」、とわめくのは、ただの駄々っ子である。自分が見たいTV番組がないといって泣きわめているのと、同じレベルである。

無論、学問としての哲学を研究している学者も、基本的に普通の人間なので、職業としてやっている部分、名誉のためにやっている部分はある。しかし、それは読者、観衆の側が明確な問題意識を持っていさえすれば、どうでもいいことのはずである。作家や芸術家が俗物であることと、作品の善し悪しが関係ないのと同じことだ。要は、学問としての哲学の成果を、正確に紹介しているか否かであって、哲学する〝動機〟ではない。そもそも他人の動機がどうして分かるのか？　自分が買った哲学書の著者が、自分の関心と違ったことを書いているからといって、「この著者は、本当の哲学が分かっていない。金儲けのために書いている！」、「〝哲学学〟しかやっていない。お仲間サークルでやっている〝哲学学〟を哲学と勘違いするな！」、などと決め付けるのは、哲学的真理を探究しようとしている人間の態度ではない。自分自身がどうしようもない俗物で、知的ルサンチマンの塊だから、そういう、どうでもいいはずのことが気になってしまうのである。

哲学に限らず、知的刺激を求めて、本を読んだり、講演会に出かける人であれば、どんなつまらない本や講義・講演でも、某か発見があるはずである。どこかで聴いたような話でも、細部までよく観察すれば、その人の独自性を発見できるはずである。仮に論者が学問的に全く見当外れのことを言ったとしても、その意見がどうして見当を「外れ」たのか——安易に「見当外れ」と決め付けるのは、ただの傲慢だ——考えようとするはずである。

私自身、あまりいい第一印象を持っていない本を読んだり、他人の学会・研究会報告を聴いたりしていて、いろいろ発見するところがある。むしろ、ヘンテコな意見、下手なプレゼンから刺激を受けることの方が多いくらいである——無論、私はその時の直観で、「君は学問的になっていない」

などと決め付けたりしない。ちゃんとした本であれば、新たな知識を得られ、頭の整理をする助けになるし、そうでない本からも、刺激を受けられる。そう思って、じっくり読もうとする姿勢がない人間は、人文系の学問には向いてない――これは断言してよいだろう。

自分が興味を持てないからといって、すぐに集中力をなくして、読み飛ばしたり、居眠りしたりしておきながら、**「退屈だった。金（あるいは、時間）返せって感じ！」**などとわめくのは、ゲスの極みとしか言いようがない。この手の人間は、本当の意味での知的好奇心とそれに裏打ちされた知的集中力を持っておらず、単に、自分が「物知り」であることを確認したいだけである。あるいは、速攻で〝物知り〟になって、誰かに自慢したいだけである。そんなクズは、何を読んでも、何を聴いても同じである。自分にとっての、〝明日からでも利用できるトリビア知識〟が手軽に得られれば、「感動した！」と言い、そうでなかったら、「こいつは似非知識人だ！　時間の無駄だ！」、と吠えるだけの脊髄反射人間である。ご当人たちは、そのことに気付いていない。あるいは、内心分かっていても、全て、著者、講演者のせいにする。

他人事ではない、〝火の粉〟は私にも及ぶ

Ａｍａｚｏｎの「レビュー」もどきで、やたらと私の本をけなし、アンチ仲正連中――たいして有名人でもない私のアンチになるような連中は、知的ルサンチマンが充満した相当のひま人なのだろう――から、「賛成」ポイントを稼ごうとする、「モワノンプリュ」「古本屋Ａ」「建具屋の半公」

「ゆみこ」「アレルゲン」などは、まさに、「物知り」ぶりたいだけのどうしようもない連中である。
「アレルゲン」は、あろうことか、**「仲正氏は、アーレントについての望ましくない解釈を日本に広めようとしている……」**と、読者に警鐘（？）を鳴らしているが、何様のつもりか？　「正しい思想の検閲官」にでもなったつもりか？　そもそもアレルゲンが、仲正のアーレント解釈だとしているものは、私が説明に使っている言葉を、彼なりの日本語感覚で曲解して、ねつ造したものにすぎない。

それで、「あなたのアーレント解釈を世に示したいのなら、勝手にやればいい。しかし、強引に私を曲解し、引用もどきをしないでもらいたい。私を引き合いに出したいのなら、どこでどういう風に私が間違っているのか、ちゃんとした引用をしなさい」、と抗議のメールを送った。そうしたら、「そんな学問的な厳密さを要求されたら、一般読者は論評できなくなる。それは検閲です」などというふざけた返答を寄越してきた。「検閲官」を演じているのはそっちだろう！「望ましくない解釈を日本に広めようとしている」、とまで言い切って、人を〝害虫〟扱いするのなら、学問的にもきちんと論証するのが、最低限の礼儀ではないか。

『今こそアーレントを読み直す』
（講談社現代新書、2009 年）

アレルゲンは、「私は、自分が正しいアーレント解釈をしているという深い確信があります」、とも言っていたが、だったらどうして、きちんと論証もできないまま、他人に警鐘を鳴らしたりするのだろうか?

こうした、自称「哲学好き」がどんどん増えていて、そういうのを想定読者として本を作ろうとする、あさましい人文系出版社・編集者も増えているので、本当にうんざりする。憂鬱である。

二流大学の厄介な学生　二〇一三年四月一日

私は二流大学、金沢大学の法学類（他大学の法学部相当）という所に務めている。二流大学と言うと、最近の大学事情をあまり知らない年配の人から、「金沢ほどの大学がそんなにレベル低いことないでしょう。卑下しすぎ」、とか言われる。

それは、「国立大学に通うだけで優秀」というのが常識だった、団塊の世代以上の感覚である。中には、金沢という固有名詞から、〝高級〟そうな感じを抱く人もいるようだが、加賀百万石とか旧制四高とかのイメージを、今の金沢大学に投影するのは全く見当外れである。そういう見当外れの感覚の人と、金沢大学について話をすると、疲れる。

〝冷厳な〟金沢大学の〝立ち位置〟

大学の格付けについての、業界人の大凡の常識を紹介しておこう。国立大学の中では、戦前帝国大学だった、東大、京大、東北大、九大、阪大、北大、名大は、当然別格扱いである。金沢は戦前、この七大学に京城帝大、台北帝大の二つを加えた九つに次いで、十番目の帝大になる可能性があったが、そうならなかった。だとすると、国立大の八位になりそうだが、戦後、文部省（現文科省）が、神戸大、筑波大、広島大などを拠点大学として優遇したせいで、金沢は、何となくこれらの下に位置付けられる感じになった。

そこに更に、理系だと東工大や医科歯科大、文系だと一橋大という専門に特化した大学が入って来る。文科省の運営交付金の配分額から見ると、金沢は八六ある国立大学中の一二～一五位くらいである。よくて、十二位というのが常識だろう。

私大や公立大を加えて考えると、更に順位は下がる。私大の多くは文系中心なので、金沢大でも理系は一二位からさほど下がらないが、文系の順位はぐっと下がる。理系の場合、実験設備や病院などの施設の関係があるので、順位が変動しにくいが、文系の場合、良い所にキャンパスを作り、それなりに優秀な教員をいい待遇で呼んでくれれば、それで〝いい大学〟になる。七〇年代から八〇年代にかけて、金沢大文系はいくつかの私大に、抜かれてしまったと見るべきだろう。

早慶に負けているのは当然のこととして、首都圏のＭＡＲＣＨ（明治、青学、立教、中央、法政）や、関西の関関同立（関西学院、関西大、同志社、立命館）などより、金沢が上だと言い切るのは難しい。公立大だと、首都大や大阪市大は、金沢より上と考えるのが普通である。金沢大の教員で、これらの大学から招聘されて移動する人は結構いるが、その逆はあまりいない。そうすると、一一位下げて、二三くらいになる。

ＭＡＲＣＨや関関同立の一部よりは上ではという見方もできなくはないが、戦後、金沢とほぼ同時期に国立になった旧六と呼ばれるグループ（千葉、金沢、新潟、岡山、長崎、熊本）の中で、（首都圏の）千葉や（新幹線で京阪と直通している）岡山は入試のレベルでは、金沢より若干人気が高い。単純に受験生の人気だけで言うと、横国にも負けている。文系でも当然、分野ごとにばらつきがあるが、全国で二〇位以内に入っている、と自信を持って言える分野はないだろう。

そういう風にリアルに考えてみると、（業界的な意味で）一流大学と言うには無理がある。二流だと認め、二流大学の教員にすぎない自分の分を弁えた方がいい、と私は思っている——三流でないだけまだまし、ということでもある。

〝恨まれる〟には理由がある

しかし学生の中には、その現実を認めることのできなさそうな奴が少なからずいる。端的に言うと、名古屋や神戸に行く実力がなくて、不承不承金沢に入学したような連中である。そういうのは、〝プライド〟だけは高い。授業でそういう奴に、出くわすと厄介である。不快な目に遭うことも少なくない。何故、厄介かというと、自分は勉強ができない、授業が分からない、授業に身が入らない、という事実を素直に認められない。全て、教師のせいにしようとする。当然、厳しい教師は、嫌われる。嫌われること自体は、かまわないのだが、教師の人格がおかしいことにする。変人なので、自分の趣味でわざと難しいことを教えているとか、できるはずのない過大な宿題を出している、とかいう話にしてしまう。

私は、政治思想史のほか、法学類の一年生のドイツ語も担当している。**語学教師を真面目にやれば、恨まれやすい。**私は、ごく普通のドイツ語教科書を使い、一年かけてちょうど終わるようにやっている。そんなに変わったことはやっていない。厳しいとすれば、予め担当箇所を決めたりせず、授業中に何度もランダムに当てること、訳読は基本的にやらず、ドイツ語の文章を口頭で言わせるよう徹底していることくらいだろう。ちゃんと身につくように教えようとすれば、当たり前のことである。しかし、学生はそれが不当だ、と言う。自分にとって厳しかったら、全て〝不当〟なのだろう。他のドイツ語クラスや中国語クラスより厳しそうなので、不当だと言う奴もいる。教師が設定している目標が低く、大して身につかなくても合格点がつくようなゆるい授業をやれば、やさしくなるのは当然だ。そのクラスで学んだことにより、最終的にどの程度その言語が身についたかを基準にして、授業の良し悪しを言うのであれば、全うであるが、私の悪口をツイッターでいいふらしているような奴は、そんなことは全く考えていない。今の自分にとってキツイ授業をやるのは〝悪い先生〟である。

あと、私は、宿題をやってこなかったため私の問いに答えられない学生、寝ぼけていて見当外れの返答をする学生にちゃんと指摘し、注意するようにしているが、それも気に入らないようである。人格を傷つけられたと思うらしい。やるべきことをやっていない自分が悪いとは、全然思わないのである。恐らく「私は優秀なはずだ。優秀な私が答えられないのは、仲正が悪いんだ」、と脊髄反射的に判断するのだろう。そう思い込んでいるとしか思えない書き込みをツイッターや2ちゃんねる等でしばしば見かける。そういう書き込みをしている奴は、ハンドルネームや書いている内容からほぼ特定できるのだが、バレるとは思っていないらしい。それが〝優秀〟な奴のやることか！

私は結構たくさん本を書いているので、首都圏や近畿圏の読書家の学生で、私の名前を知っている人はそれなりにいる。ウチのアホたちでも、学外の友人との会話や、ネット上での――それほどネガティヴでない学術的な――噂から、私が多少世間的に知られている、という情報を仕入れてくることがあるようだ。しかし、連中は〝悪い先生である仲正〟が、学外で結構名が知られている、という事実を認めたくない。「仲正なんて、学内じゃ全然知られていない。それは仲正自身に大して実力がないからだ。多分仲正は、自分がすごい先生であるかのように、外でほらふいて回っているんだろう」、ということにしてしまう――どんなほらをふいていると想像しているのか、私にはあまり想像できないが。自分たちにとって〝悪い先生〟が、世間的に評価されるはずがないのである。

〝憂鬱〟にも理由がある

私のようなのが〝悪い先生〟であるのに対し、全然準備しないで教室でぼうっとしている学生に、その場でちょっとしたアドバイスをしてやるだけで、すごい議論ができるようにしてくれる、サンデル先生のようなタイプの先生――言い換えると、田舎の高校生がイメージする〝カリスマ予備校講師〟のような先生――が〝いい先生〟であるようだ。

自習しない人間が、ちょっとこつを教えてもらっただけで〝教師もびっくりするようなすごい意見を言う優秀な学生〟になるはずなどないのだが、最近の大学教師には、「私のアドバイスを聞けば、短時間でみるみる実力がつく」式のことを平気で言うのがいる——学問に王道なし、というフレーズを知らないのだろう。プライドだけ高い奴は、そういうのにすぐ飛びつく。そのせいで、私のようなのは、ますます〝悪い先生〟になる。

勉強関係での教師の悪口はまだいい。私は、図書館でおしゃべりしている学生を見つけると、注意することにしているが、それが気に入らないで、「仲正は変人だ」、とツブヤクアホがいる。ある時、図書館で調べものをしていたら、担当しているクラスの学生に「質問があります」、と話かけられたので「ここで話をしてはまずいので……」と小声で言って、小走りぎみにその学生をつれて談話ルームへ入っていったことがある。そしたら、その一時間くらい後に、以前、私におしゃべりを注意されたらしい奴が、「仲正、この前は学生が図書館で話しをしているのを怒っていたのに、さっき走っていた。矛盾した。今なら論破できそうな気がする」、とツブヤイタ。こいつの頭はどうなっているのか？「矛盾」という言葉の意味を理解しているのか？ 仮に、おしゃべり＝走る、ということだとしても、多くの人がいる図書館の中で何十メートルも猛ダッシュで騒音をまき散らすような走り方ができるはずないだろう。〝優秀な私に注意し、プライドを傷つけた仲正〟は許せないとかねてから思っていたので、目の前で見たことをねじ曲げ、難癖をつけようとしたのだろう。

その他、喫煙スペース以外のところで煙草を吸う奴とか、校舎の前でスケボーをする奴、花火をあげる奴など、ひどいのはたくさんいる。ごく少数ではあるが、授業中に立ち歩くやつとか、携帯で会話をする奴などもいる。**これが、一流大学だろうか？ 本当に憂鬱である。**

何も考えてない〝学生〟たち　二〇一三年五月七日

前回、二流の金沢大学の厄介な学生の話を書いたが、あれが掲載された直後、またまた典型的なバカ学生がツイッターに湧いて出た。

私は専門の政治思想史の他に、ドイツ語を週二コマ担当している。法学類一年生向けの時間帯である。普通の大学だと、英語と第二外国語の授業は、受験の際に希望を聞いたうえで最初からクラス分けしているが、金沢大学は学生に好きな先生を選ばせるようにしている。私が金沢大に勤め始める前からある制度なので、由来はよく分からないが、学生に授業を選ぶ権利があってしかるべき、という理屈らしい。

当然、第二外国語は、最も初歩から学ぶわけだから、教えることはほぼ決まっている。教えることが違っていたら、おかしい。本来、クラスを選ぶ材料などないはずだが、学生にシラバスを読ませて選ばせるというのが建前になっている。シラバスから分かるのは、その先生が厳しそうかどうかくらいである。シラバス＋先輩の噂で決めることになる。先生が、日本人かネイティヴかという違いもあるが、ウチの大学の学生はそんなことは一切考えない。単純に、単位が取りやすいかどうかだけである。それを、ウチの大学のお偉方は、学生の主体性を重んじるカリキュラムだと称している。まともとは思えない。

私を知っている人には、想像がつくと思うが、私はどの先生よりも厳しめにシラバスを書いている。しかし、具体的に厳しく書いているのは、「三回以上の無断欠席は放棄と見なす」という点だけである。

他は、他の先生のシラバスとほとんど違わない――違いようがない。実際の授業でも〝厳しい〟が、具体的には、宿題をやってこない学生、遅刻がひどい学生、受け答えや挙動からして〝意識朦朧としている学生〟に、その都度注意しているだけである。

そんなの当たり前のことでないといけないはずだが、ウチの〝ゆとり学生〟たちは、授業中叱られた経験がほとんどないらしい。また、語学の授業でも五回くらいは、欠席する〝権利〟があると思っているらしい。そういう〝ゆとり君〟たちは、ちょっとでも、厳しくされると怨みに思う。ツイッターで怨みがましいことをツブヤク。ご丁寧なことに新入生向けに、「ドイツ語を取るなら、仲正という奴だけはやめておけ」などと書く。それを真に受けて、「他のクラスが定員一杯で、抽選で仲正になったらどうしよう」という話題で盛り上がる、クズの新入生もいる。

今年は、そういうクズが三匹湧いて出た。その内、一番ひどい奴は、「ドイツ、抽選で仲正になったらスペインに逃げる！」とツブヤいた。しかもアホなことに、すごく分かりやすいハンドルネームを付けている。金沢大学法学類の一年で男子という時点で、既に、一〇〇名くらいに絞り込むことができる。そいつは、プロフィールで、自分が関西人であると書いており、ハンドルネームに関西弁らしい語尾を付けているので、ハンドルネームから、誰なのか簡単に分かった。

このアホに対しては、「私から逃げたかったというのであれば、ちゃんと理由を書きなさい。見ている不特定多数の人は何を想像するか分からないだろう。私や大学が君の書き込みの波紋によって多大な迷惑を受けたら、責任取れるのか。法学を学んでいるつもりなら、それをやったらどうなるか、帰結をちゃんと考えてから行動しなさい」、というメッセージを送っておいた。そうしたら、すぐに書き込みを消し、その後、なりを潜めている。

こいつに限らず、最近、すぐにバレそうなハンドルネームで、先生や友人、仕事の関係者などを誹謗し、バレルと大慌てする〝ゆとり君〟が増えている。分かりやすいハンドルネームを付けるのは、自分の存在を多くの人に認めて貰いたいからだろう。そのハンドルネームで、怒らせたらまずい相手をｄｉｓるのは、恐らく、自分ではなく、相手が悪いことを、誰かに認めてもらって安心したいからだろう。分かりやすいハンドルネームで、まずい相手をｄｉｓる以上、バレた時のことを覚悟しておくべきだが、その覚悟が全然ない。幼稚だとしか言いようがない。

降り掛かる〝火の粉〟への遠慮は無用

ウチの田舎学生がアホなだけであれば、まだ救いがあるのだが、結構〝いい大学〟の学生が、後先考えず、思いつきをツブヤキ、不特定多数の他人の承認（ＲＴ）を求めるケースも散見される。

最近個人的にむかついた例を二件挙げておく。

一件は、ＩＣＵの現役学生とそこの卒業生で編集者をしているらしい二人の会話。どちらも政治思想史関係のゼミ出身らしい。「千葉眞先生と川崎修先生にお会いしたけど、二人とも私のような若輩にも敬語で接してくださり、本当に腰が低い。すばらしい人格の方たちだ。それに引きかえ、仲正先生は人格がゆがんでいるとしか……（笑）」、という。千葉さんや川崎さんを尊敬するのは勝手だが、どうして突然私を引き合いに出しｄｉｓるのか。当然、私はこの連中と全く面識はない。私の本の後書きなどから、勝手に連想したのだろう。仲正などどうせ小者だからｄｉｓって大丈夫だと思ったのだろうが、知らない人間についてこういうことをツブヤク自分の人格についてどう思っているのだろうか？　そんなことで、院生や人文系編集者をやっていけると思っているのか？

もう一件は、三月に出した私の著書『カール・シュミット入門講義』（作品社）をめぐる、東大駒場の院生と、もう一人の院生らしき人物の会話。片方は、プロフィールに実名らしきものを載せている。彼らは、私を直接ｄｉｓったというよりは、私の本を某サイトで紹介した某経済評論家をｄｉｓったのであるが、どうも私までｄｉｓりたいような口ぶりだった。要は、その評論家がシュミットを理解していないので、自分たちが正しいシュミット像を示し、名を挙げたいということなのだ

『カールシュミット入門講義』
（作品社、2013年）

ろうが、私に対する扱いがひどくぞんざいだ。「仲正氏の本未読だが、まあ、○○の問題に関してはシュミットはかなり誤解されていて……」という調子である。これだったら、仲正なんて素養がないから、どうせこの評者と同じ様に誤読しているんだろ、読まなくても分かる、と言わんばかりである。著者である私に対して多少なりとも、学問的な敬意をはらうつもりがあるなら、最低限、「後で仲正氏の本そのものに当たって確かめないといけない」くらいは言うだろう。

法哲学・法思想系の難しい理論を囓った学生には、自分も偉い人間になったつもりになり、「まあ、○○さんの△△理解は……」とか言いたがるのが少なくない。飲み屋や喫茶店で言うのなら別に構わないのだが、ツイッターで公言すれば、その○○さんを敵に回すことになる。私のようなのは小者なので、敵に回したって構わないと思っているのだろう。だったら、こっちも遠慮しないぞ、という気になる。

欲求不満を解消するためにツイッターで他人をｄｉｓり続けていると、思考停止してしまって、どんどんバカになっていくのか。そもそも元々バカで不安定な奴が、ツイッターにへばりつくのか。

こういうのが大学にどんどん増えているかと思うと、本当に憂鬱である。

悪質な二流人間が生まれる理由　二〇一三年七月三日

「二流大学」という言い方をすると、多くの人は、入試偏差値とか国家試験の合格率等で、「一流大学」よりも格が明らかに落ちるが、底辺ではない、という意味に取るだろう。私が、自分の務める金沢大学を「二流」であると言う時、それとは別の意味〝も〟込めている。それほど頭が良くない、つまり学問をするための基本的訓練ができておらず、未熟な思考しかできないくせに、そのことを素直に認められない学生が多い、という意味だ。教師に言われる前に、自分で学ぶという積極的姿勢も、自分がバカであることを認める謙虚さもないのが、「二流」の学生である。

当然、東大・京大にも、そうしたどうしようもなく「二流」の学生は一定の割合で存在するが、本当の「一流大学」であれば、天才的に頭のいいことがはっきり分かる学生、勉強が根っから好きな学生が周りにいるので、あまり堂々と「バカな自分」を肯定しにくい。いじけるしかない。逆に言えば、バカが堂々と、「私に分かるように教えてくれない教師が悪い」と吹聴して回れるような大学は、たとえ旧帝大・早慶クラスであっても、「一流大学」としての実質を失っている。

金沢のような所では、バカに対する牽制になりそうな、目立って優れた学生が極めて少ない。いても目立たない。だから、二流の連中が大手を振ってのさばり、ツイッターやＬＩＮＥを介して〝バカ仲間〟を増殖する。

二流の連中は、自分がバカであることを素直に認められないので、そのことを気付かせようとする教師にすぐに反発し、「ひどい授業だ」と騒ぎ出す。〝バカ仲間〟に「そうだ！　そうだ！」と言ってもらって、安心する。騒ぐ一方で、自分が基本的なことを知らなかったのを恥じ、ちゃんと勉強するのならまだいいが、二流は、そんな殊勝な人種ではない。騒いで、仲間に〝同意〟してもらったら、それは自分が学ぶ必要のない事項になる。そうやって、どんどん「知らなくてもいいこと」が増えていき、思考停止状態に陥っていく。

例えば、私のドイツ語の授業で、「彼は彼女の宿題を手伝う」という意味の文を教える前に、「英語でこれどう言ったかな。中学校で習ったろ。まさか未だに、～ help his home work と言うなんて思ってないよね」、と聞く。誰も答えられない。当然、「困ったもんだ」と言う。そういうことを言うと、すぐに「仲正に傷付けられた」とか、「メンタルが相当強くないと、仲正の授業は苦痛だ」、などとツイッターで騒ぐ――オマエは、バカの王国の王子様か！

こういう奴らの中から、知識人ごっこをして注目を集めたがる、知の乞食が生まれてくるのだろう。ブログやＡｍａｚｏｎレビューなどで、「批判」と称して著名人の悪口を書き連ね、無知で幼稚な誤読に基づいて、「この程度で大学教授になれるんだ！」と雄叫びを上げ、溜飲を下げたつもりになる、どうしようもない連中のことである。

「うまくない譬喩」「『ムダに』厚い」これが批評か？

最近、拙著『カール・シュミット入門講義』に関して、余計な話が多くて無駄に長い、などといちゃもんを付けた失礼な輩が、何人かいる。例えば、どこかの大学の法学部生で国際政治学・開発途上国研究をやりたいと自己紹介しているposaune724という人物は、読書メーター（http://book.akahoshitakuya.com/u/185582）で、「講義録だから仕方ないんだろうが、もう少し整理して本にしてくれればいいのに。あまり上手くない比喩も入っていて、そういう点では『無駄に』厚い」と述べている。

講義の記録なので、普通の書き下ろしと同じ調子で整然と論を進めていけないのは事実であるが、余計なことを文章にするはずがない。シュミットのテクストの特定の箇所に大事なことが書かれているので、短い章句に拘り、その解釈の可能性について検討したうえで、私なりの解釈を示すという方針で講義を進めた。文章にする時は、そういう拘りをより正確な形で表現した。そうやって、私なりの「拘りどころ」を示すのが、どうして無駄なのか？　そんな無駄のオンパレードのものを、どうして出版社が本にし、法学や思想史の専門家が読んで評価してくれるのか？　私は、ネームヴァリューだけで無駄な本を出し、他大学の教員に無理に誉めさせることのできるような大物ではない。無駄でないと思ってくれる人たちが一定数いるからこそ、本として出せるのである。一度自分で本を書いたら、そんなことは分かるはずだが、posaune724にはそんな経験がないだろう。経験がなくても、少し考えれば分かりそうなものだが、posaune724は「少し考える」こともできないくらい、頭が悪い奴なのだろうか。

それに、「うまくない比喩」とは何だ！ そんなにたくさん比喩は使っていないし、使っている場合は、分かりやすさをかなり考慮に入れている。私の譬えは分かりやすい、と編集者や親しい読者から言われることが多い。そうでなかったら、本を書いて欲しいという依頼がくるはずがない。どこの譬えが気に入らなかったのか知らないが、自分の趣味で勝手に「下手」と断じているとしか思えない。

結局のところ、posaune724にとっては、自分の頭ですぐに理解できないことは、無駄なのだろう。向学心があれば、自分にはどういうことか分からないけれど、ひょっとしたら何か重要な意味があるかもしれない、と立ち止まって考えるべきではないか。そういう反省的思考ができないから、著者や編集者の意図、他の読者の評価など一切無視して、「無駄」と断じてしまうのだ。

posaune724の他の書評を見ると、著名な学者の著作をあまり根拠も示さずに、「すごい」「知的刺激がある」、という感じで持ちあげている。学習能力が枯渇しているくせに、権威主義的になっている最悪の輩と見た。

一般的に迷惑野郎の中で特にたちが悪いのは、研究者になりそこなった人間だ。そういう輩は、評論家とか、独立研究者を自称する傾向がある。職業的には、塾、予備校講師、大学図書館司書等がそういう手合いがなりやすいようである――私は、そういう職業の連中の匿名書き込みで、被害を受けたことがある。そういう手合いにとって、私のように、二流大学の教員で、たくさん本を書いている人間は、かっこうのターゲットのようである——度胸がないので、一流大学の教授にはいちゃもんを付けられないのだろう。ウチの大学の二流君たちの中から、この手の迷惑人間が生まれて来るかもしれないと想像すると、本当に憂鬱である。

◈補足

この記事を明月堂書店のＨＰにアップした後、posaune724から明月堂書店に対して抗議のメールが届いた。そのメールは、私（仲正）に対して返答を要求するものだった。明月堂書店の担当者が、私にその件について問い合わせがあったが、その時、私は出張中ですぐには返答・返信できなかった。そうすると、わずか数時間の間に、posaune724と彼を煽り建てて私を攻撃しようとする者たちによって、そのメールの内容と私に対するかなりの憶測が入った誹謗中傷がツイッター上で拡散された。明月堂書店はその時、ＨＰのリニューアルを計画していたこともあって、ＨＰをいったん閉じた。それによって余計な憶測が更に広がり、私に対する誹謗が更に広がった。そうした事態が8時間程度の間に、本人である私が一切関知しないまま進行した。この事態に対する私の正式な見解は、再開された明月堂書店のＨＰに掲載されたが（本書40頁〜）、前後の状況を伝えるため、posaune724からのメールと、明月堂書店のＨＰのリニューアル中の臨時サイトに掲載された私の暫定的な見解も、付録として以下に示すことにする。なお、posaune724は本名を名乗っておらず、依然として匿名のままである。

（付録1）読者から『極北』への投稿　二〇一三年八月七日

ぽざうね（@posaune724）commented on 仲正昌樹（第10回）

この件で「最悪な輩」として批判されているposaune724です。このブログ記事を知り、大変驚いております。

まず、最初にお詫びしなければなりません。「無駄に長い」「うまくない比喩」などと失礼な言葉を用いてご不快にさせて点につきましては、私に非があります。先生の渾身の著書への感想として不適切であったと反省しております。申し訳ございませんでした。

しかしながら、この記事に書かれていることについてわたくしの方もひどく傷ついたことを書かずにはおられません。文章を読む限りでは、先生は読書メーターの書評と、私のTwitterのトップ画面しかご覧になっていないように思います。しかしたったそれだけの情報から、なぜ私が「最悪な輩」と言われなければならないのでしょうか。この記事は私への誹謗以外の何物でもございません。

たしかに私の読書メーターの書評は、「すごい」や「知的刺激を受けた」という文言が目立ちます。それはあくまで書評としてではなく、感想を書いておく場として利用しているからにほかなりません。しっかりとした書評は別のノートに細かく書き、いつでも研究資料として使えるようにしております。読書メータに書いてあることが、私の読書のすべてではないのです。それでも私は、ネット上に載せた思考の断片だけをもって、コミュニケーションを一度も取ったことのない先生に「『少し考える』こともできないくらい、頭が悪い奴なのだろう。」などと言われなければならないのでしょうか。

この記事の後半の、私への批判は、殆ど憶測ではないですか。なぜ、先生はたった4行の著書への感想と、1行のtwitterの自己紹介だけをもって、私の人間性をここまで否定できるのでしょうか。たったそれだけの情報から、「権威主義的な輩と見た」などと断定することが、なぜできるのでしょうか。敵を決め、憶測で敵の性格を断定し、攻撃してブログで支持をあつめるのであれば、先生の方こそ権威主義的ではありませんか。

全くの他人である先生から、このような誹謗を受け、画面の向こうにいる現実の私はひどく落ち込んでいます。むろん反省すべき点は、読書メーターでの言葉づかいを含め数多くあります。そうした部分へのご批判は素直に受け入れ、反省し、将来へと続けていかねばなりません。しかし、誹謗中傷の部分は受け入れられません。私を全く知らないのに、憶測だけで行われた人格攻撃については、謝罪と撤回を強く要求いたします。

私は仲正先生のご著書が好きでした。『今こそアーレントを読み直す』を手にと取り、アレントの世界に引き込まれていきました。その後、アレントの著作を貪るように読んでいきました。『カール・シュミット入門講義』も、大きな刺激を受けました。シュミットの著作は「政治的なものの概念」しか読んだことがありませんでしたが、先生の著書を読み、解釈を参考にしながら「政治的なものの概念」を再読し、「政治神学」などを読んでいったのです。たとえば国内政治を語る際に頻出する「決められる政治」について、一度立ち止まって考えるために、シュミットを読むことの重要性は先生の本がなければ考えなかったでしょう。アレントやシュミットといった難解な思想家の本は、仲正先生の本がなければ読むこともなかったでしょう。「いまこそロールズに学べ」も、近いうちに読む予定でした。しかし、しばらくはやめておこうと思います。感想は書けませんし、著者からこのようなことをなさるのであれば、落ち着いて考えながら読むことができないからです。

私は二流学生かもしれません。まだまだ未熟です。これから考えていくべきこと、やるべきことはたくさんあります。しかし先生の言うような「二流学生」ではありません。積極的に本を読み漁り、考え、調べ、また本を読んで考えるという流れを大学入学以来ずっと繰り返しています。それこそ、私の twitter を見ている方ならきっとわかってくださるはずです。それなのに先生は殆ど私をご存じないのに、憶測でこんなに酷い攻撃をなさる。

今私は非常にショックを受けています。いわれのない中傷に、怒りを覚えています。私の読書メーターでの振る舞いについてのご批判は強く反省いたします。しかし、その後の憶測でなされた私への誹謗中傷については、撤回と謝罪を強く要求いたします。

乱文長文失礼いたしました。

（付録２）　著者の見解

仲正昌樹です。これまで明月堂書店から出している拙著などで、繰りかえし述べてきたように、私は、ツイッターで多くのＲＴを集めさえすれば、自分たちの言い分が正しいと思い込んでしまうような連中は、相手にする価値がないと思っているので、デマ情報に対して個別に反論するつもりはありません——オバカさんのサンプルとして使わせてもらうことはあるかもしれませんが。ただ明月堂書店のブログの突然の閉鎖というやや異例の事態になったので、今回のような件についての基本的立場を改めて表明しておきます。

①他人の本や文章を論評する際に、いかなる基準による判断か示すことなく、いきなり「無駄な記述が多い」などと断じるのは、その著者の人格を根本から否定する行為である。真摯な読者であれば、自分には無駄でも、「著者も何か考えたうえで書いたことであろう」と一応推定してから、話を始めるはずである。書き方がほぼ決まっていて、その基準が広く共有されているようなジャンルの著作であれば、例外扱いしてよいかもしれないが、今回の件で問題になった私の著作は、それに当てはまるとも考えられない。こうしたことを理解できない人間、軽くしか受け止められない人間と、著者としての私が対話することは不可能である。

②上記①のようなことは、研究者やプロの評論家、あるいは、それを目指す人間は、基本的なマナーとして身に付けておくべきだと考える。匿名に等しいハンドルネームで上記のような論評をす

るのは、論外である。その人物にどれだけの経歴や知識があっても、埋め合わせにはならない。プロの研究者、評論家、あるいはその卵であると自称する人間が、そういうマナーの必要性を認めないのであれば、私はそのような人間は、根本的に失格であると考える。そういう輩に対してどう対処すべきかについては、いろいろ考え方があるだろうが、私は、悪質なケースに対しては、時として、「おまえは失格だ」と言ってやることにしている。

③著者に対して上記のようなひどい論評をしながらも、なおかつ、対話したいというのであれば、（私はそれが対話しようとしている人間の態度とは基本的に思わないが）、メールアドレスなどの連絡先を明記すべきである。**原則本名を名乗るか、それに近い自らの属性を示すべきだと思うが、ちゃんと連絡が取れれば、匿名性の高いアカウントでも構わないだろう。当該の論評記事自体に連絡先を示さないで、「私はいろんなところで同じようなハンドルネームで書いているので、私が誰か特定することはできるだろう」、などと言うのは、真面目な人間の態度ではない。**

④上記のような意味での〝対話〟を求める人間の中には、ブログやツイッターで応答しろ、という者もいるが、攻撃的なコメントに対して、ブログやツイッターで直接応答すれば、関係ない野次馬や、他人を攻撃したくて仕方ない人間が集まってきて、様々な誤情報を拡散させようとするのは、今回の件からも明らかである。そういうことを分かったうえで、ブログやツイッターでの応答を求める人間は、かなり悪質である。

⑤反論文を載せろと要求しながら、相手の返答をわずか数時間さえ待つことができずに、その内容をネットで拡散し、当該著者に対して悪い感情を持っている人間の〝同意〟を得ることで、自分

の正当性を証明したと考えるような人間に、まともな対話の意志があるとは思えない。正常な判断ができる人間とも思えない。また、そういう人間のことを、冷静に対応している、文章力がある、などと言って持ち上げる人間は、悪意の塊か、狂っている。到底、対話などできない。

私が「」付きで、「二流」と呼ぶのは、正当ではないやり方で、自分の優秀さ（〝一流〟であること、あるいはそれに近いこと）を証明しようとし、その過程で他人に迷惑をかけても平然としていられるような人間に対してである。世間的に見て、私よりずっと社会的ステータスが高い人や著名人であっても、そういう態度を露骨に示せば、私は「二流」と呼ぶ。上記①から⑤に当てはまるような人間は、当然、「二流」である。この点は、ちゃんと読めば誤解が起きる余地がないように書いたはずだが、それを理解できないほど国語力が低く、大騒ぎする〝人間〟とは話ができない。

ネット世界の末人たち　二〇一三年一〇月七日

明月堂書店のブログ再開後の第一回目なので、何か目新しいことを書きたいところだが、八月に私の書いたコラムをめぐって、ちょっとした騒動があり、それがきっかけでブログが一時閉鎖になったという経緯があるので、そのことについて今一度私の見解を述べておきたい。

〝事件〟の発端は、私が作品社から出した『カール・シュミット入門講義』に対する、ある大学の法学部生で将来は研究者志望だと称する人間――ハンドルネームを使っていて、大学名も示していない――のネット上の〝書評〟だった。どういう基準によるのかも示さず、いきなり「無駄な記述が多かった」とけなす、上から目線の嫌な物言いだった。それで『極北』に月一で連載していたコラムに、「匿名でこんなコメントをするのはロクな奴じゃない、こんなのに研究者になられたら、不快である」、という趣旨のことを書いた。

それからしばらくたって、明月堂書店のＨＰに対して、この人物――便宜的にＡ（注１）と呼んでおく――から、これは仲正による私の人格に対する誹謗中傷だ、反論文をのせろ、という趣旨の投稿があった――ハンドルネームを使っての投稿だった。八月七日の午前中のことである。明月堂書店の方から、私に相談の電話がかかってきたのだが、その時ちょうど私は、他大学の集中講義に出かけていたので、しばらく電話に出られる状態ではなかった。すると、二～三時間の内に、その反論文と全く同じ内容の文がツイッター上に現われた。そこに、普段からネット上で私の悪口を拡散して喜んでいる〝常連〟たちが寄って来て、あることないことネガティブ情報を付け足し始めた――悪口を書いていた連中の内、一〇数名は、よく見る名前だった。そこに、プロの物書きになりたくてたまらない目立ちたがり屋や、とにかく騒ぎが好きなヒマ人たちが、野次馬として集まって来た。当然のことながら、この連中は、発端になった私の本がどういうものか全然知らないし、興味もない。単純に、たくさん本を出していいきになっているように見える仲正なる奴を叩きたいという欲望で群れているだけのどうしようもない連中である。

この状況に驚いた明月堂書店の担当者が慌ててしまったのと、かねてからブログのリニューアルを考えていたこともあって、すぐにブログを閉鎖するに至った。私は後になってそのことを知らされて、「明月堂書店の事情で閉鎖するのはいいけど、このタイミングで閉鎖したりしたら、騒ぎたがっているバカどもが、『仲正が逃げた』といって余計に騒ぐだけなので、いったん元に戻して、改めて一時閉鎖することにしてほしい」と言ったが、技術的な問題があって、すぐには復活できなかったようである。

私が同日の夕方になってようやく明月堂書店の担当者の電話に出た時には、「仲正は学部生に反論され、自分のブログを閉鎖して逃亡している」というデマが出回り、Aは〝勝利宣言〟を出していた。それを含めたネガティヴコメントの連鎖を、わざわざtogetterにまとめてアップした奴もいる。そこには、「仲正が逃げた」を含めて、かなりのデマや誹謗中傷が含まれていた。例えば、仲正が人格異常なのは、まだ統一教会信者であるせいだ、と邪推するのがあった――私が二一年前に信者をやめた経緯については何度もいろんな所で語っているが、そういうことは知らずに、又聞きで適当なことを言っているのだろう。仲正は屑だとか、正気を失っているとか、この知的水準で大学教授が務まるのか、など単純な悪口も多かった。飲食店での悪ふざけをツイッターに投稿する若者たちのことが世間で話題になっている時期だったので、仲正はツイッターに悪ふざけを投稿している若者と同じだ、と論評する自称社会派ライターもいた――「同じ」なのは、悪口に反論する文章を出版社のブログにのせただけの私ではなくて、他人に便乗して騒いでいるだけのくせに、論客ぶっているテメエだろ!

明月堂書店のブログの臨時閉鎖と、その手のネガティヴコメントで満足し、「みなさんのおかげで僕の言い分が通りました」、などと言ってのける、Aはやはりまともな奴でない。そもそも反論文を掲載してくれという投稿を送りながら、同時にツイッターで悪意のあるリアクションをかき集めようとするのだから、誠実な人間ではない。しかも、終始匿名のままである。そういう奴のことを、「冷静な対応している学生さんです」、と持ちあげる連中がいるのだから呆れてしまう。こういう連中は、自分たちが妄想する絵柄に合わせて物事を認識するのがくせになっているので、全然おかしいと思わないのだろう。

この手のバカのおかげで迷惑にあうことはしょっちゅうあるので、騒ぎが起こったこと自体はそれほど驚きではなかった。しかし、多少意外だったのは、現役の大学教員が何人か騒ぎに加わっていたことだ。私自身がそうであるように、最近の大学教員はあまり行儀が良くないし、ツイッターでふざけたことを書いている教員も少なくないが、当事者でもないのに、他大学の教員に対する誹謗中傷を拡散させる〝祭り〟に参加して喜ぶ奴がこんなにいるとは思っていなかった。中には、私と直接面識のある人間もいた。

かなり昔から因縁のある四国の某国立大学の教員は、「仲正氏の文章を面白くないと思う人がいるのも確かだ」とか、「仲正氏には、彼が『基本的マナー』と呼ぶルールがあって、それを破った人に対しては、自分もそのルールを破ってもいいと思っているようだ」とか言っていたが、まったくもって見当はずれである。

学者の書く本は、その学問に関心のない人にとっては、ほぼ価値がない。その意味で、面白くないと思っている人の方が多いのは当然である。しかし、その学問領域の研究に自らも従事している人間、あるいはその領域に関心があると称する人間が、当該の本を読んで論評する際に、「無駄が多い」などと言うのであれば、何を基準に無駄だと言うのか述べるべきである。何の基準も示さず、「無駄だ!」と言いっぱなしにするような奴には、その学問に関心があるとか、一定の造詣があるなどと称する資格はない。私が当該のコラムで指摘したのは、このことである。それが、学者にとっての「基本的なマナー」だと分からない奴は、誹謗中傷と「批判」の区別がついていないのだから、学者を名乗る資格などない。そういう当たり前のことが分かっていない奴に失礼なことを言われたので、反撃した、というだけの話である。お互いに紳士的に討論している時に討論のため常識的なルールを守ることと、いきなり罵倒された時に「ふざけるな、何様のつもりだ！」と怒鳴り返すことが、矛盾しているとでも言いたいのか？

〝祭り〟を煽って、どこが教育者なのか

しかし、これは序の口である。特にひどかったのは、九州の某国立大学法学部の政治学系の教員B（注2）だ。Aを煽って〝反論文〟を書かせたうえ、ツイッター上で悪意のあるコメントを集めるお膳立てをしたのは、Bである。Bは以前、一度だけ私と一緒に仕事をしたことがあるし、共通の何人か知人もいるのだが、この間一切私に連絡しないまま、私に対する攻撃を一方的に続けた。BはAのことを「冷静な対応をしている」「文章力がある」などと持ちあげ、それとの対比で、私のことを、「本当のことを言われて、狼狽している。みっともない」などとけなした（問題のtogetter自体は、いつの間にか削除されていた）。

それに次いでひどかったのは、首都圏の大手私大の法科大学院の教授だというC（注3）とそのお仲間らしい、匿名の女性研究者Dである。Cは、明月堂書店のブログに掲載されていた私のコラムの魚拓を見たらしく、いくつか誤読による見当外れのコメントをしていたが、特にひどかったのは、「この文章を書いた人間の精神の歪みを感じる」というものだ。Dは、「私は学生時代に自分のブログに、先輩研究者から暖かいコメントをもらって勇気付けられながら育ってきました。そういう私としては、こういう心ない文章に対しては怒りを通り越して、背筋が寒くなるのを感じます」、

などともっともらしいことを書いている。

私は、自分がまともな人格者であるとも、立派な教師であるとも思ったことなどないが、炎上騒ぎ——明月堂書店のブログ上で起こったことではないので、厳密には炎上ではない——に便乗し、他大学の教員の人格をけなし、自己満足している自分たちの人格は、まともだとでも思っているのか？

仮に、B、C、Dたちが、Aに比べ、多少名前が知られている私が、〝か弱い学部生であるA〟を迫害していると認識——冷静に考えれば、そんな状況ではないのだが——したうえで、義侠心でAの味方をしたのだとしても、どうして私を挑発し、騒ぎを大きくするようなまねをするのか？Aが実際、研究者志望の学部生だとすれば、この手の騒ぎを起こすのは、本人の将来のためにはならないだろう。ツイッターで騒ぎを起こすような学生と付き合いたいと思う研究者がどれくらいいるだろう。

彼等がAのことを真剣に考えているつもりなら、先ず、仲正と直接話し合いをするよう諭すべきだろう。B、C、Dの内の誰かが、間に入って仲介すれば、Aは匿名のまま、私や明月堂書店と話し合いをすることができたかもしれない——Aが本当にまともな人間なら、自分の身元を隠したまま、言いたいことだけ言うというのは、おかしなことだが。Aと知り合いであるBや、首都圏の大学——Aの大学かもしれない——に勤めているCには、その機会が十分あったはずだ。B、C、Dが、自分は仲正などと違って〝ちゃんとした教育者〟だと思っているとすれば、仲裁の努力を一切せず、逆に煽って騒ぎを大きくするのは、矛盾している。

そういうことに思い至らない人間が、まともな教育者ずらしてのさばっている現状を見ると、私の方こそ、「怒りを通り越して、背筋が寒くなる」。Dのような奴を暖かく育ててやったという〝やさしい先輩たち〟の面を見てみたいものである。

そもそも、大学の研究者が、研究交流や社会問題に対する意見交換など、健全な目的でツイッターをやっているのだとしたら、こういう社会的重要性が極めて低い――ほとんどないといっていい――事案に、単に大勢の人間がRTしているというだけで安易に首を突っ込むのはおかしいだろう。野次馬根性で集まって来たくせに、そういう自分の行状を顧みることなく、まともな人間らしい口をきくことができるのは、まさに末人的症状である。つくづく厄介な連中である。

注1…A＝posaune724

2…B＝大賀哲・九州大学法学部准教授

3…C＝大杉謙一・中央大学法科大学院教授

この記事を書いた時点では、あまり騒ぎを拡げたくないという明月堂書店の意向に配慮して、ABC……と表記したが、現時点ではその必要もないと思われるので、名前を公表することにした。

批判と誹謗中傷　二〇一三年一二月一二日

この連載コラムで繰り返し問題にしてきた、ネット上で他人の悪口を拡散させている輩のほとんどは、誹謗中傷と、批判の区別が付いていない。大学教師や評論家など〝知識人〟の言論を真っ向から批判するつもりであるならば、この区別を理解していることが極めて重要である。自分自身も知識人あるいはその卵であると思っているなら、尚更のことである。しかし、ネット上の自称知識人たちは、この単純なことを理解するつもりが全くないらしい。

どうせ無駄だと分かっているが、学者の論文や評論文に対する、批判と誹謗中傷の違いについてごく簡単に述べておく。最も重要なポイントは以下の二点である。

第一に、文章を批判すべきであって、相手の人格を〝批判〟すべきではない。文章を問題にすると言いながら、相手の学者としての資質とかモラル、人間性等をしつこくあげつらうのは批判ではない。

よくあるパターンが、貧困問題や原発問題、増税問題などに対して、ある学者が専門的な見地から意見を述べたところ、その意見を気に入らない連中が「こんな頭の悪い奴が○○大学の教授になれるなんて、日本の大学も地に落ちたものだ」、とか、「政府の犬になった」、「人としての品性が疑われる」、などと〝コメント〟――こんなのは、「コメント」と呼ぶにも値しないのだが――するパターンである。

品性を疑って良いのは、その人物が犯罪や、セクハラなどのそれに準ずる問題行動をしたことが明らかな場合だけである。ある意見を専門的見地に基づいて表明したことに対して、「品性を欠く」などと発言する輩の方が品性を欠いている。政府の犬になったというからには、証拠を示す必要がある。証拠がないのにそういうことを言うのは、名誉棄損である。

また、仮に学者の文章に間違った推論が展開されていたとしても、それをもって、その人物が大学教員失格であるなどと断言するのは、人格攻撃である。本当に批判したいのなら、その文章に書かれている内容に話を絞るべきである。

プロの学者であればありえないような間違いをしていると考えるのであれば、そのことを示唆するのは、許容範囲かもしれないが、その場合、かなり慎重になる必要がある。批判しようとしている側が、その人物の専門分野の最低限の常識がどういうものか把握している可能性はかなり低いからである。専門家同士でさえ意見が食い違うことが少なくない。素人が直感的に、「こんなもの常識に決まっている」、と思っていることのほとんどは、思い込みである。特に、哲学とか社会学などは一見すると、予備知識なしで素人も議論に参入できるように見えることもあるが、それは幻想である――幻想を助長する困った〝専門家〟もいるが。

「△△先生もおっしゃっていたように」、という感じで他の学者の意見を孫引きしてくる輩がいるが、孫引きはほとんどの場合、見当外れである。他分野の専門家の、全然異なった問題についての発言を、自分のうろ覚えの知識と直感に従って、強引に引っ張ってくることが多い。他の専門家の対抗言説を適切に参照してくるのは、かなり難しい。仮に、たまたま見つけた△△先生が、批判したい相手と同じ分野の専門家だとしても、△△先生の方が正しいという根拠はない。かつて、『噂の真相』という左派系ゴシップ雑誌が、気に入らない学者に対して、「○○は学会では鼻つまみものので、誰からも相手にされていない」という趣旨のことをよく書いていたが、どうやってそれを確認したのか。鼻つまみかどうかなどというのは極めて主観的な話なので、それなりに学問的権威のあるまともな学者の間でも認識が異なることが多い。素人が、たまたま一人の同業者から仕入れた噂話が、当たっている可能性は極めて低い。

第二に、文章をねつ造すべきではない。本人が言っていないことを言っているかのようにでっちあげたうえで、その人物の〝愚かさ〟や〝不誠実さ〟を責めるのは、誹謗中傷である。

困ったことに、でっちあげる連中のほとんどは、でっちあげていることを自覚していない。ちゃんと読まないで、文章のタイトルだけ見て、勝手に内容を想像しているパターンが多い。もっとひどい場合には、自分では全く読まないで、他人の〝評価〟を真に受けてそのままRTしていたりする。ちゃんと読んでその内容を要約しているつもりでも、〝批判〟したいという気持ちが先行しているので、自分の想像で捻じ曲げてしまうことがある。その分野の専門家でさえ、功を焦るあまり、やってしまうことがある。素人が焦って〝批判〟しようとすれば、その危険は極めて高い。

そういう過ちを避けようとするのであれば、「きちんと引用する」必要がある。「きちんと」というのは、単に「一語一句正確に」ということだけではない。ごく短いフレーズを取り上げて、鬼の首を取ったような顔をすることなく、それがどういう文脈で何を主張するために書かれたのか明らかにしたうえで、引用する必要がある。その文脈を再現するに際して、自分が理解できない内容を適当に省略したり、勝手に想像したりしてはならない。これは、かなり難しくて、面倒くさい作業である。その作業を面倒くさがる人間には、「批判」は不可能である。

以上の二点を理解できていないくせに、ネットで評論家を気取っている輩は、屑である！――**思い込みで他人を誹謗中傷して悦に入っている連中を、まともな人格扱いするほど私は寛容ではないし、これは論文ではなく、コラムなので、礼儀知らずの輩は屑扱いすることにする。**これら主要な二点以外にも、知識人を個人攻撃する卑劣なやり方はいくつかあるのだが、この連載でも何度か指摘したことがあるので、今回はこのくらいにしておこう。

アニメ・アイコンの暴言は何故腹立たしいのか　二〇一四年二月七日

ツイッターでアニメ・キャラをアイコンにしている人たちがいる。自分の好きなアニメについて平和に語り合ってくれればいいのだが、中には、アニメ以上に、他人を誹謗中傷することに一所懸命になる迷惑な輩もいる。かなりたくさん見かける。アニメ・アイコンの人間に誹謗中傷されると、自分の顔写真や抽象的なマークのようなものをアイコンにしている人間に、同じことを言われたよりも腹が立つ。理由は二つある。

先ず、アニメ・アイコンを使っているということは、自分自身の顔を隠している、ということである。実際、多くの場合、匿名である。多くの人に親しまれやすいアニメ・キャラを隠れ蓑にして、言いたい放題言うのは、卑怯であるように感じられる。卑怯な振る舞いをするつもりがないのなら、何等かの形で自分が何者であるかを明らかにすべきだろう。

アニメ・キャラに限らず、匿名の連中は、「身元を明らかにしないといけないということになったら、一般人は怖くて発言ができない」、と言いわけをするが、そういう言いわけが成り立つのは、内部告発的な場合に限られる。特別な権力関係のない相手との間には、そういう言い訳の余地はない。**誹謗中傷を含む〝批判〟は、他人の人格を否定すること、場合によっては、社会的〝制裁〟を**

加えることになりかねない。それでも発言しないわけにいかない、というのであれば、自分も非難されること、間違っていたら、自分が恥をかく覚悟が必要である。覚悟がないのに、一方的に匿名で〝批判〟をしたがる人間は、屑である。

そういうことを意識して、アニメ・アイコンにしたわけではないのだろうが、アニメ・アイコンで中傷罵倒されると、ふざけている感じがして余計に不快になる。このことは第二点と密接に関わってくる。

アニメ・アイコンを使っている人間の内、実際にそのアニメ・キャラが好きで、アニ・オタとして活動している者は、アニメ・ネタについてアニ・オタ同士でコミュニケーションしていることが多い。そういう通常の会話は和気藹々としている。特に、癒し系の少女キャラの場合、アニメの内容からして、ふんわかした会話になりやすい。

そういう、ふんわかした感じのアニメ・トークの合間に突然、そのアニメと全然関係のない評論家とか学者、ネット上のちょっとした著名人等の悪口を言い始めると、そのギャップから悪意が際立つ。ツイッターのログには、それが如実に現れる。

しかも、たちが悪いことに、アニメ・トークしているお仲間に同意を求めることがしばしばある。お仲間が無視すればいいのだが、そういう連中は、（お気に入りのアニメ作品の細部をどう評価するかということを除いて）同調傾向が強いから、誰に対するどういう批判かよく

アニメアイコンの例
しんかい38（山川賢一）

分からないまま、**「ふ〜ん、そういう学者がいるんだ！」「やだねー！」**といった感じの相槌を打つ奴が出てくる。

まるで、自分たちのアニメ・トークが単調になっているので、関係のないネタを持ってきて気分転換しようとしているように見える。ヒマ・ネタとしてｄｉｓられたと思うと余計に腹が立つ。

加えて、そういう気分転換的なノリで、縁もゆかりもない相手から誹謗中傷されると、アニメ・オタ・サークルのお仲間は、平和主義のまともな人間で、ｄｉｓられている相手は、人間ではない存在として扱われているような感じがする。**まるで、西洋人が日本人を、ハイソな人間が貧乏人をネタとしてコバカにしながら、お上品な会話を続けているのと同じような印象を受ける。「おまえら何様だ！」、という気分にならざるを得ない。**そういうことに気が回らないような、アニ・オタ・サークルの連中は、屑である。無論、アニ・オタに限らず、他人をネタとしてバカにしながら、上品な感じの会話を続けようとする屑サークルはたくさんあるが、アニメ・アイコンでそれをやられると、その無神経さが際立つのだ。

なおいやなことに、アニ・オタ・サークルの中には、アニメ評論を足掛かりに評論家デビューをしたがっているような奴が結構混じっている。そういう奴は、有名大学で哲学とか社会学を学んでいて、自分のような人間はもっと世に知られてしかるべきと思いこんでいるフシがある。それで時々、他のアニ・オタ仲間に向かって、薀蓄を披露したがる。「あの作品の世界観の○○のレイヤーとして、△△の理論があり、それが◇◇というキャラの■■的な振る舞いに反映されていることを抑えておくべき……」という感じで。

そういう輩にとっては、学者・評論家・文化人・ネット論客を罵倒して炎上を起こすのは、目立つための絶好の機会である。ひょっとすると、どこかの編集者の目にとまるかもしれない。昨年の八月に、私に対する誹謗中傷ツイートが広がった際、漁夫の利を得ようとして、あまり私のことを知りもしないのに、知ったかぶりをして〝参戦〟してくる、下品なアニメ・アイコン野郎が何人か混じっていた。

思い出しても腹立たしいし、ホントに憂鬱である。

〝イイ先生〟と〝ワルイ先生〟

二〇一四年三月一〇日

知識人や学者をランク付けしたり、〝実力〟を比較するのが好きな人々がいる。相撲とか総合格闘技のファンと同じ様な感覚でやっているのかもしれない。当然のことながら、試合をやって勝ち負けを決めるスポーツと違って、学者の〝実力〟を素人にも分かるようにはっきり示せる基準などない。実験をやっている理系の学者ならまだしも、哲学、文学、歴史学などを専門とする文系の学者や評論家の場合、業績の良し悪し、成果の大小についての客観的に判定することは難しい。同じ専門領域のプロ同士でも意見が割れることが多いのだから、ましてや素人向けのランキングなどあり得ないのだ。

基準もないのに無理にランキング化しようとすれば、極めて表面的な指標、所属している大学のランキングとか、本の売れ行きといったものを持ち出すしかない。当然のことながら、学者の世界には統一的な人事システムなどないし、各大学の学科ごとの専門のポストの振り分けや年齢構成といった問題があるので、大学の〝格〟――大学の格付けの明確な基準があるわけでもないが――と本人の〝実力〟が合っているという保証はない。また、本は、出版社が、著者の知名度やそのテーマへの社会的関心等から売れ行きを予想して刊行するものなので、売れ行きが、著者の学者としての〝実力〟と比例するわけではない。学者、知識人に一定の知的オーラがあった二〇年以上前ならいざ知らず、専門性の高い本は売れず、かなり初歩的な入門書とか、大向こうウケを狙ったものが売れる昨今の傾向からすれば、知名度の高いほど、生半可な学者である可能性も否定出来ない。哲学、文学・芸術批評、理論社会学等では、特にその傾向が強い。

大学ランキングとか知名度を基準に学者や知識人の格付けをしようとする人間は、その分野に本当に関心を持って自分でも学びたいと思っているのではない、ただの野次馬である。無論、ほとんどの人間には、野次馬的な関心があるので、関心があること自体は仕方ないが、ネットでその手のランク付けを〝公表〟して事情通ぶろうとする奴は、どうしようもないバカである。

そこまで露骨でない部類として、自分のイメージの中でライバル関係にありそうな何人かを挙げて、「〇〇なんて、Xしかやっていない。それに比べて、新進気鋭の□□は、Yの問題で先端的な研究を……」、という感じのことを言いたがる輩がいる。**競争が嫌いな私としては、この手の比較をされるのは嫌である——新進気鋭の□□ではなくて、貶められる〇〇の方にされることが圧倒的に多いのも不愉快である。**

一般論として、学者や批評家は自分の意見を表明するのが仕事なので、多少の目立ちたがり屋である必要はある。しかし、人気商売ではないので、何をしてでもとにかく知名度があがればいいと思うのはおかしいし、ビジネスマンでもないので、本が売れるためなら何でもするという態度を取るのもおかしい。〝しかるべき見識を持った人たちの限定的なサークル〟の中で、ちゃんとした注目を集めることに一生懸命になれる人間が学者や批評家に向いている。その〝しかるべき見識を持った人たちの限定的なサークル〟というのがどういうものか明確に規定するのは難しいが、ちゃんとした知識人なら、それについて自分なりの定義を持っていて、そこに照準を合わせて仕事をしているはずだ。自分の活動範囲をきちんと見定められないのは、間違って〝知識人〟になってしまった人である。

素人基準による〝異種格闘技学問版〟の愚

「比較される」ことに話を戻そう。実際にある学問的な論点に関して明確に対立している――と自他共に認める――相手と比較されるのであれば、致し方のないことである。その覚悟がない人間は、学者になるべきではないだろう。しかし、ネット上での、〝学問好きの素人〟や〝学者の卵〟による比較の大半は、見当外れである。その分野のことをよく知らない人に対して事情通ぶろうとして、ありもしない土俵の上で、あまり関係のない人間同士を〝闘わせる〟ことが多い。自称格闘技通が、知らない人間に対して、どの格闘家が本当に強いかについての自説を開陳するような感じで。

私の場合、入門書を書くことが多いが、その入門書全体を、同業者らしき人の細かい論点に関する専門的な論文と比較されることがしばしばある。そもそも、入門書と専門的論文を比較しようとする発想自体が、ド素人以下なのであるが、その手の〝比較〟をする奴は、具体的にどの論点についてなのか明示することなく、**「やっぱり仲正なんか、本格的に研究している▽▽さんに比べて、浅いよね」**、とか言いたがる――多分、どの論点を比較しているつもりなのか、自分でもよく分かってないのだろう。そういう漠然とした印象論――本当は印象論にさえなっていないのだが――を語ることで、入門書を書いているので一般的に多少知名度のある仲正だけでなく、▽▽さんも知っている自分の通ぶりをアピールしたいだけとしか思えない。

念のために言っておくと、学術論文でも、『○○入門書』の記述を参考にしたり、批判したりすることがあるので、入門書を専門的な論文と比較すること自体が悪いのではない。どの論点で比較しているか明示しないで、比較ごっこをすることが問題なのである。その分野のことをある程度分かっている人間であれば、仲正の入門書のどういう記述の仕方が不正確で、それが入門書として許容されるべきか否かを論じた上で、▽▽さんの同じ論点と比較するという手続きを取るはずである。

『改訂版〈学問〉の取扱説明書』（作品社、2011年、初版は2009年）

そういう手続きの必要性が分かっていない奴が、〝ド素人以下〟なのである。

もっとひどい〝異種格闘技戦〟として、全く違う分野の学者同士を比較するというのがある。私は金沢大学の法学類という所で、政治思想史を教えている。他に政治思想史を教えている同僚はいない。比較するとすれば、精々法理学担当の同僚とくらいだろうが、彼とは研究テーマはほとんどかぶってないし、授業内容もかなり違う。また私は、法学部出身でないので、法学・政治学と直接関係ない——例えば、思想史や芸術批評等——仕事の割合がかなり高い。本来、他の教員と比較されようがないのだ。

　ところが、その私を、六法とか行政法、知的財産法などの実定法の同僚と比べて、「仲正は、学外の知名度があるかもしれないが、本当に実力があるのは◎◎先生……」とか言いたがる奴がいる。その場合の〝実力〟とは何だろう？　強いて言えば、県庁や市役所から[redacted]委員の仕事を委嘱されるとか、ゼミ生で〝いい所〟に就職した人が多かった、とかだろう。しかし、それは特定の実学的——と世間的に思われている——科目を教えている先生のところにそういう依頼が来て、そういう先生の所にいた方が就職に有利だと思う学生が集まって来るという話であって、〝個人の実力〟とはあまり関係ない。外部資金を獲得してくるのがうまい先生はいるが、それは科目の性質に大きく左右される。行政法、税法、知財とかだと、行政や企業などから、委託研究の依頼を受ける可能性はあるが、政治思想史はそういうこととはかなり縁遠いし、それほど多くの研究費を必要とするわけでもない。

　まともに考えたら、比較するための共通基盤など全くないのだが、あまり専門的な勉強に身が入らないくせにプライドだけは人一倍高い生半可な学生は、◎◎先生を〝尊敬〟する——本当に尊敬しているというより、「◎◎先生を尊敬している私」を美化したいだけのように思えるが——一方で、仲正のようなインチキ教員をけなすということだけはやりたがるのである。そういう身振りを見せることで、自分には、ちゃんと「見る目」があることをアピールしたいのだろう。そういう奴にとっては、法学類の中で最もマイナーな科目を担当し、外では多少の知名度がある仲正は、かっこうのターゲットに違いない。どうやら、私は最初からそういうターゲットに設定されているので、授業で厳しい態度を取ると、「ワルイ先生」である〝証拠〟にされてしまうようだ。**「政治思想史はひどいって評判だ。それに引き換え、●●法とか▼▼法はすごく分かりやすいし、学問的な興味が湧く」、と、私の授業に出たこともない奴、二、三回居眠りしながら出席しただけの奴が、ツイッターでツブヤイたり、法学系公認サークルの部室で噂話をしたりする。**

だから、新入生が入って来る四月は憂鬱である。また、新手の悪口を聞かされるのか、と思って、気が滅入る。

自殺スイッチと〝カルト〟　二〇一四年七月五日

私の勤めている金沢大学で、最近何件か学生の自殺が続いたので、その対策が検討されている。その〝対策〟とは、アドバイス教員による定期的面談である。

金沢大学では、全ての学生にアドバイス教員が指定されている。その名称通り、学業に関するもろもろのことについてアドバイスするのが、アドバイス教員の役割で、通常、単位が極端に不足している学生や不登校の恐れのある学生を呼び出してお説教をしたり、休学や退学を望む学生から事情を聴くのが主な仕事である。常識的に考えてもらえれば分かることだが、**生きる意味とか恋愛などに関する相談を、プロのカウンセラーでも宗教家でもない教員に、わざわざ相談しにくる学生はあまりいない。メンヘルの学生をひきつけてしまう雰囲気の教員もたまにいるようだが、私は普段から厳しそうなことを言っているせいか、そうした学生はあまり寄って来ない。三、四年生の場合、ゼミの教員がアドバイス教員を兼ねていることが多い。**

「自殺対策のための定期的面談」というと、普通の人は大げさなことを連想するだろうが、担当部署で検討されているのは、アドバイス教員が毎学期全ての学生に会って、単位の取得など学習の状況を確認し、カルテに記録を付けることである。ゼミ担当教員がアドバイス教員を兼ねている場合は、大した手間ではないが、まだゼミに配属されていない一、二年生、留年生などに関しては、担当が割り当てられている教員がいちいち呼び出しをかけて、日時を約束しなければならないので、結構面倒である。教員にとって面倒なのはまあいいとして、呼び出して単位の取得状況を聞いてカルテに付けることが、何故自殺防止になるのか？

この問題を検討している委員会の責任者たちは、自殺をする学生は孤立していることが多いので、教員が会って声をかけること自体に意味があると考えているようだ。学習状況の確認というのは、「会う」ための名目で、カルテを付けさせるのは、教員が怠けていないかチェックするためのようである。あまり深く考えないで聞き流している分には、多少まともな話のように聞こえるが、この理屈はいくつかの前提がないと成り立たない。

〝素人心理学〟による自殺対策の憂鬱

まず、自殺の主要な原因は、孤独であり、自殺する学生は誰とも話していない状態が長期にわたって続いている、という大前提がないと、教員が少しの時間だけ会って、とにかく会話を試みる、ということには全く意味がない。世間には、何となく「自殺」と「孤独」を結び付けて考えている人はいるだろうが、それは単なる、普通のおじさん・おばさんの直感にすぎない。そんなものに基づいて自殺対策をするなどというのは、教育者のやることではない。ましてや、心理学や教育学の専門家もいる大学がやっていいことではない。自殺の主要な原因は長期にわたる孤独であるという心理学的・社会学的な知見と、自殺している大学生は実際に長期にわたって孤立していた、という客観的な統計データが裏付けになっているのであれば、ちゃんとした対策だが、金沢大学で〝自殺対策〟を立案している人たちは、専門家に意見を求めているわけでもないし、データを収集しているわけでもない。おじさん・おばさんの平凡極まりない直感を、大学という高等教育で実行しようとしているのである。

科学的根拠がないのは明らかだが、五百歩くらい譲って、この〝大前提〟を認めるとしても、更にいくつかの前提を強引に設定しないと、この話は成り立たない。孤立が原因で、教員が声をかけることがその緩和になるとしても、どうして半年周期でそれをやるべき、という結論になるのか？

孤独ゆえに自殺するような学生は、人と話していない状態が半年以上続くと、自殺スイッチが自動的に作動してしまうという前提と、教員が「おい！」と声をかければそのスイッチをオフにすることができるという前提がないと、面談すること自体に意味はない。〝自殺対策〟を立案している人たちは、学生思いのやさしい教員だということになっているが、自殺する学生を、周期的にエラーを起す、不良品のＰＣみたいなものだと見なさない限り、こんな発想が出てくる余地はない。

もしかすると、単に「おい！」と言えばいいという話ではなくて、会話をしている内に、学生の悩みを聞き出し、相談にのってやることが期待されているのかもしれない。しかし、その場合、教員の側にその学生が自殺をしたくなりかけているかどうか見抜く能力があることが前提になる。無論、単に見抜くだけではダメである。というより、下手に〝見抜いて〟しまったら、本格的にスイッチが入ってしまう恐れがあるので、最低限刺激しないようにしないといけない。しかし、〝見抜いた〟以上、教員として放っておくわけにはいかないから、スイッチが入りかけているのであれば、どうにかして気分を変えさせて、オフにすべく努力する必要がある。しかし、そういう知識や経験を持っている教員はほとんどいない——「先生のおかげで自殺を思い留まりました」、と（大雑把に行って便宜的に数字を挙げるとすれば）三人以上の学生から言われたことがないと、信頼するにたる「経験」とは言えないだろう。自分に知識や経験がないのであれば、専門家に相談すべきだが、下手に連絡すると、不信感を抱かれかねないし、教員自身の精神状態が不安定だったら、おかしな相互作用が起きる恐れもあるだろう。

そもそもの問題として、もし自殺の原因が孤独ではなくて、本人が全く別のこと——例えば、恋愛とか家族・友人関係、将来への不安、自分の心身に関するコンプレックス等——で悩んでいるとしたら、呼び出して会うことがプラスに働くとは限らない。呼び出しを受けたことが、かえって心理的負担になって、追い込まれかねないのだ。実際に孤独で悩んでいるとしても、義務化されている面談で、先生と話をすることによって楽になるとは思えない。自分が孤独であることを、先生に告白しなければならないのかと悩んで、ますます落ち込むかもしれない。いずれにしても、面談を通して〝自殺予備軍〟を思い留まらせようとするのであれば、取扱説明書が必要のはずだが、委員会のお偉方はそんなものは一切準備していないし、するつもりもなさそうだ。

ひょっとすると、本当に自殺そのものの防止を意図しているわけではなく、単に、教員が学生の悩みを聞く機会を増やしたいだけのことかもしれないが、それだったら、自殺の話と結び付けるのは混乱を招くだけなので不適切であるし、先生に相談したい悩みがあるのなら、呼び出しをかけないでも自分から言いにくるはずである。自分から言い出しにくい学生がいるので、教員の方から一律に呼び出すべき、と考えているのかもしれないが、そういうやり方で、学生が心を開いて悩みを話し出すことが期待できるのだろうか？

反発したり、不信感を持ったりしたら、逆効果である。単なる悩み相談だとしても、学生が自主的に相談しに来たくなるような仕組みを考えるのが先であって、一律に呼び出して、悩みがあるかないか確認すればいいというのは粗雑極まりない発想と言わざるを得ない。

世間や文科省に向かって、「自殺対策やってま〜す！」アピールをしてゴマかしたいだけなら、この程度の雑な話ですませていいのかもしれないが、そのために、ただでさえ余計な事務仕事が増えている教員の研究時間を更に奪うことになるし、学生に対しては、先に指摘したような、余分な心理的負担を与えてしまう恐れもある。

金沢大学における、素人心理学に基づく〝自殺対策〟言説の横行は、今に始まったことではない。数年前、成績不振で留年せざるを得ないことを親に告げることができないまま自殺した学生がいた。その少し前から、（留年問題をめぐる親からの苦情に対処するため）実家に成績表を送ることが検討されていたこともあって、法学類の会議で、「二度と自殺する子が出ないよう、成績表を実家に送るようにすべきだ」、と強く主張する人たちがいた。ご当人たちは真剣に言っているようなのだが、冷静に考えれば、かなり危うい素人心理学に基づいた議論である。彼らは、両親に成績を知られてしまうことへのプレッシャーが一気に押し寄せてきたから自殺に至ったのであって、徐々に成績を知らせて、プレッシャーの上昇曲線の勾配を緩やかにしたら、自殺にまでは至らないだろう、というような生理学っぽいイメージで考えていたようだが、その仮定に科学的根拠はあるのか？

成績表が送られてくるたびに、親との関係がどんどん気まずくなって、ストレスが累積していくかもしれないではないか？　また、例として挙げられた学生も、本当に成績不振だけが理由だったかどうか、実際のところは分かっていない。科学的データもないのに、素人判断で自殺対策をするのは危険である。先ずは、成績表を両親に見せることと、学生の自殺の間の因果関係についての研究があるかどうか確認すべきである——このテーマでのまともな研究があるとは考えにくいが。

あまりにも強引な理屈だったので、私は会議の席で、「成績表を実家に送るのはいいけれど、それを自殺対策と結び付けるのはナンセンスだ。法学や政治学を研究している人間が、素人心理学に基づく自殺対策を行うなんて、あり得ないことだろう。そんな見解を対外的に公表するのは恥ずべきことだし、大学として〝自殺対策〟を行っていることを既成事実にしたら、あとあと大変なことになる」、とかなりしつこく言い続けた。その時は、責任者が、成績表の送付と自殺は直接関係ないという見解を述べてくれたので、取りあえず安心したが、今回、同種の素人心理学がパワーアップして浮上して来たわけである。この手の素人心理学に基づいて、〝学生のためになること〟を提案したがる人々は、本当に性質が悪い。思い込んでいるので、話が通じないのだ。外向けのアピールとしてやっているだけであってくれた方が、まだ救いがあるような気がするのだが……。

自殺対策の〝真の意図〟の危うさ

これだけでも十分憂鬱なのに、「全学生との面談実施」の背景には、自殺対策以外の更に別の意図もあるらしい。「カルト対策」である。金沢大学で最近、新興宗教の勧誘が激しくなって、いつの間にか入信している学生が増えているようである――私がかつて入信していた新興宗教も活動しているようだが、それとは別のところが更に活発に活動しているらしい。ある学生が新興宗教に通うようになったことが、教員と別の学生の会話の中で偶然明らかになった、ということがあったらしい。それに〝ヒント〟を得た、学生関係の委員会の幹部たちが、学生との会話の機会を増やせば、そういう情報が入って来て、対策を取りやすくなると考えているフシがある。

本気でこんなことを考えているとしたら、狂っているとしか言いようがないではないか。どうして狂っているか説明するまでもないと思うが、一応説明しておこう。三つ理由がある。

第一に、これは「信教の自由」に対する侵害になる恐れがある。大学生は基本的に大人であるので、何を信じるかは本人の自由である。大学が組織として公的に実行できるのは、

①宗教であることを隠した学内での勧誘、学外者による勧誘など、不適切な勧誘を禁止すること、

②学生本人の意志に反してその宗教の施設に留まるよう強制されるのを、警察等と協力して阻止すること、

③学生がその宗教の活動のために学業をおろそかにすることのないよう指導すること、

せいぜい、これくらいであろう。不当な勧誘が行われていないとすれば、大学が強制的にやめさせることはできない。教員が学生に対して、やめるよう個人的に諭すことは許容範囲だろうが、組織的に実行すれば、大学が信仰の中身に干渉していることになる。特定の教団の理念に基づいて創設された私立大学であれば、ある程度の干渉を正当化することができるかもしれないが、国立大学が、〝まともな宗教・思想〟とそうでないものを選別するかのような方針を打ち出すのは大きな問題である。

しかも、他の学生による密告を促すというのは、プライバシーの侵害というより、どこかの全体主義国家のやっていることである。普段はハラスメントやプライバシーの問題を熱く語っている人たちが、新興宗教の問題になると、憲法に明記されている「信教の自由」を完全に忘れて、全体主義国家ばりの監視体制の構築を示唆するというのは、全くもって本末転倒している。自分が大事だと思っている分野に限って人権の重要性を主張し、自分が気に食わない相手の人権は端から無視するような人間は、極めて危険である。

第二に、（一八歳から二九歳まで一一年半新興宗教の信者であった）私自身の体験からして、他の学生の密告によって情報収集するようなやり方は、少なくとも、既にその宗教にかなり魅了されている学生に対しては全く逆効果だと断言できる。そういう体験のない人でも、少し相手の立場に立って想像してみたら分かるだろう。自分が個人的に信念をもってやっていることについて、周りの学生や教師がうさんくさい目で見て、密かに情報交換していると知ったら、本人はどう思うだろう。当然、孤立感を覚える。密告情報に基づいて、自分に〝アドバイス〟しようとする教師を信用できるはずもない。その逆に、理不尽な干渉者に見えるだろう。すると、現に自分を歓迎してくれる宗教団体に更に引き付けられる。加えて、新興宗教は、自分たちは真理を説いているので、世間の人から理解されず、迫害されるが、それは真理を先に知り、使命を与えられた者の宿命だ、と説いていることが多い。密告・監視のようなまねをすれば、その教えが〝証明〟されたことになる。

新興宗教に惹かれるような奴はこの大学にはいらないと切って捨てるつもりであるのなら話は別だが、監視網を造るようなまねをすれば、当人たちをより頑なな態度にさせるだけである。そんなことさえ想像できない輩が、学生のことを思っているかのような物言いをするのは言語道断だし、そういう先生を慕って、進んで情報提供しようとする学生の方がむしろ私には気持悪い。どっちが、カルトだ！

第三に、教員が他の学生の提供する情報によって、ある学生が新興宗教に入っている、あるいは入りかけていると予想をつけたとして、どうやって話を切り出し、説得するのか。下手な切り出し方をすれば、第二点で述べたような逆効果になるのは明らかだ。自ら新興宗教経験のある私でも、どういう風に話を切り出すのが適切か分からない。普通の先生はどうしていいか分からず途方にくれるだけだろう。それが心理的に重荷になって、心の病を抱える先生さえ出て来るかもしれない。専門家に相談しようにも、どこに専門家がいるのか？　自殺であれば、心理学者や精神医学者を一応の専門家と見なすことができるが、新興宗教問題の専門家とはどういう人か？　新興宗教からの改宗を専門的に引き受けている人たちも世の中にごく少数いるが、その人たちの多くは他の宗教や運動団体の関係者であり、法律にひっかかりそうなかなり強引な手法を使っていることも少なくない。国立大学がそういう〝プロ〟に依頼するのか？　それとも、一部の教員がそういう人たちに弟子入りして、自ら〝プロ〟になるのか？

大学というのは、大人の学生が学びに来るところであり、生活指導をする場ではないはずである。その当たり前のことを指摘すると、「仲正はやはり変り者だ！」「学生に対する愛情がない奴は教師をすべきでない」、などと言われる。どうなっているのだろうか？　大学自体がカルト化しているような気がする。本当に憂鬱である。

「スーパーグローバル大学」とは何か　二〇一四年一一月六日

九月末に文科省は、「スーパーグローバル大学」に選ばれた三七の大学を発表した。「スーパーグローバル大学」というのは、国際的競争力を持った大学を育成するために、特定の大学を重点支援する制度である。東大、京大など旧帝大クラスの国立大や早慶など一三大学が、世界ランキング百位以内を目指す「トップ型」に選ばれ、そのワンランク下で、国際競争力の強化のための独自プログラムを追求する「グローバル化牽引型」に、千葉、岡山、明治、立命館など二四大学が選ばれた。私が務める金沢大学も後者に選ばれた。

こういうのに選ばれると、大学の格が上がったかのように見えるかもしれない。しかし、これらの大学で、選ばれたことを喜んでいるのは、学長や理事など執行部の人たちだけで、教員の多くは、面倒なことになったと思ってうんざりしているはずである。どうしてうんざりするのかと言うと、「スーパーグローバル大学」に選ばれるには、独自のグローバル化の案を文科省に提出して、審査を受けねばならないわけだが、どんなことをやったら国際競争力がつくのか誰にも分からないので、どの大学も取りあえず、頑張っているところを見せようとして、とにかく目立つ計画を立てる。実際に学生を教えている教員から見ると、非合理極まりない〝計画〟でも、文科省の役

スーパーグローバル大学創成支援事業、10年後の金沢大学の姿
（金沢大学ホームページより）

スーパーグローバル大学創成支援事業、東アジアの知の拠点
（金沢大学ホームページより）

人が〝斬新そうだ〟と思ってくれたら、それでいいわけである。

ほとんどの大学は、留学生の数や英語の授業の割合を増やすことを目標に掲げている。この二つの数値が上昇すると、大学の国際ランキングのポイントが上昇する可能性が高いからだ。無論、その大学の研究や教育の環境が優れていることが国際的に知れ渡って、優秀な留学生が集まり、それに伴って、必要に応じて、英語の授業の割合を増やすのであれば、結構なことである。しかし、文科省の役人や与党の政治家はそれほど悠長に待ってくれない。すぐに〝結果〟を出すことを求める――どうして彼らが焦るのかは、説明するまでもないだろう。そこで、仕方ないので、入学試験の基準を下げたり、住環境を整えてやることで、とにかく留学生を増やせ、という話になる。

また、〝英語でやる授業〟を早急に増やそうとすると、留学生向けの簡単な日本文化紹介の授業を英語でやり、そこに日本人学生を参加させる、というような 安易な手法を取ることになりがちだ。そういうクラスでは、日本人と中国人やアラブ人が下手な英語でお互いの文化を紹介し合ったり、日本文化体験だといって 一緒に祭りを見に行ったり、伝統芸能を習いに行ったりする。金沢大学には、コーヒー学とか温泉学の授業があるが、そういうエンタメっぽい授業を英語でやることも考えられる。無理に増やそうとすれば、そういう〝ままごと〟のような授業ばかりになること必至である。文系、特に日本史、日本語・日本文学、民族学、法学などの場合、かなり高い日本語能力がなければ、自分で研究できるはずがないが、そういう分野ではどういう風に英語での授業を増やすのか。本来なら、こうしたことを真っ先に考えねばならないはずだが、ほとんどの大学の幹部は、そういう問題を自分で考えていない。ひたすら各学部、教員にプレッシャーをかけて、表面的な数値目標だけ達成しようとする。

「スーパーグローバル大学」へのお寒い〝改革案〟

金沢大学はグローバル化の目玉として、〝教養教育の大改革〟を掲げている。先ず、従来ほとんどの科目が、九〇分授業を一学期一六回（うち一回は試験）やって二単位だったのを、四半期（クォーター）に八回（うち一回は試験）やって完結する各一単位の授業に移行させる方針が打ち出され、その方向で話が進んでいる。四半期ごとに完結して、別の授業を受けるということになれば、継続して同じテーマについて勉強するという習慣は身に付きにくくなる。そのうえ、一回は試験のためにとっておかないといけないので、七回しか授業ができない。しかも、多くの大学でそうであるように、金沢大学でも従来、最初の授業はオリエンテーションで、二回目か三回目までは別の授業に替えてもいいことにしていた。四半期せいで、それを認めれば、ロスがものすごく大きくなる。七回の内、五回しか出席しないという学生も出て来る——欠席しないという前提での話である。この問題をどうするかについて、「スーパーグローバル大学」への応募に合わせて〝改革案〟作りを担当した、柴田正良教育担当理事等は全く考えていない。

更におかしなことに、柴田理事たちは、第二・四半期に、主として国際学類——金沢大学には、とにかく国際と名の付く科目を集めた国際学類という学類がある——の学生が海外留学できるよう、この四半期には、専門や外国語の授業などを入れないようにすることを検討している、という。

少し前に高校を出たばかりの学生に、たった四半期留学させて、何を学ばせるというのか。語学コースにちょっと顔を出して、観光していたら、二か月弱の期間などあっというまに過ぎてしまう。その間、第二外国語の学習は中断される。本末転倒になる可能性が高い。そういうことに、留学する予定のない学生を付き合わせるのはおかしな話だが、とにかく国際学類を中心に留学する学生の数を増やしたい理事たちは、他の学生や教員の迷惑を考えようともしない。

四半期制と並んで、教養教育改革の目玉になっているのは、GS（グローバル・スタンダード）コア科目なるものである。従来からある人文・社会や自然科学などの講義科目を廃して、五つの（四半期完結の）科目群に再編するということだが、そのタイトルがすごい。

①自己の立ち位置を知る
②自己を知り、自己を鍛える
③考え・価値観を表現する
④世界とつながる
⑤未来の課題に取り組む

「自己の立ち位置を知る」ための科目群と聞いて、普通の人は、大学の話だと思うだろうか。むしろ、自己啓発セミナーと思うだろう。

実際には、①で想定しているのは、歴史学とか社会学、倫理学を「グローバル」っぽく脚色したもののようである。②③④⑤も、従来からあった科目をアレンジしたものになりそうだ。これは、私の推測だが、国立大学で文系削減の圧力が強まっているので、理事たちはポストを確保するための苦肉の策として、こういう自己啓発セミナーのような〝大風呂敷科目〟を金沢大学の改革の目玉にしようとしているのかもしれない。しかし、文系の学問などどうでもいいと思っている理系出身の学長や文科省の役人に媚びるようなまねをして、形だけ文系の科目を生き残らせても、教育・研究の質が更に低下し、文系全体が信用失墜して、不良債権化していったら何にもならない。GSコア科目群の趣旨を説明する資料には、「1~5の各科目群について、そのなかから各3科目を選択して履修することによって、各科目群に設定された5つの学習成果（キーワードに凝縮）にかならず到達することができる」、と明記されている。つまり、九〇分の授業を（最大）二一回受け、三回の試験に合格することで、「自己の立ち位置を知る」人間や、「自己を知り、自己を鍛えた」人間になることができるというのである。こういうのを、独創的だと強弁するうちの大学のお偉方や、それを評価する文科省の役人がいると思うと、本当に嫌になる。

これだけではない。大学全体の改革の理念である「金沢大学〈グローバル〉スタンダード」と、GS科目の関係を説明する資料に、先ほどとは別の意味で、すごいことが書かれている。「自己の立ち位置を知る」などのキーワードについてのちょっとした説明の後で、以下のように述べられているのだ。

事実認識から行為選択を導き出すには、人類が培ってきた倫理道徳的な態度や感性が必要である。

例えば、政治経済状況が不安定な国からの留学生が、祖国と先進国の落差に絶望して暴力的なナショナリズムや過激な宗教原理主義へと誘惑されるような場合でも、彼／彼女を押しとどめ、健全な市場経済の中で祖国へ貢献することを可能とするのは、自己の自由や欲求と社会的正義をともに満足させうるような倫理道徳的規範に彼／彼女が進んで従うことによってであろう。したがって、自然的及び社会的状況認識と倫理道徳的な態度や感性の両方の修得が、ここで必要となる。学生は、以下の科目群の習得を通して、こうしたミクロ、マクロのパースペクティブをもつ状況認識から、「自分は卒業後に何をやろうとするのか」を、学士レベルの理解度において導き出すことができるようになる。

公の文章にこういうことを書いて何とも思わないどころか、格調の高い文章を書いたつもりになるのが、「スーパーグローバル大学」のグローバル感覚なのである。**そもそも、「スーパーグローバル大学」などという、田舎根性丸出しのネーミングのプロジェクトを立ち上げて、何か仕事をしたつもりになっている文科省の発想が根本的にズレているわけだが。本当に憂鬱である。**

奇蹟の誤読　二〇一五年二月二日

ネット上のウヨクやサヨクには、ある程度知名度があり、マスコミにも登場している学者や知識人が実はバカだということを〝証明〟しようと躍起になっている輩が多い。ターゲットにした学者や知識人の発言やテクストを、よく分かりもしないでけなそうとする。専門家の眼から見ると、目も当てられないくらいひどい誤読なのに、本人は大発見をして、その学者を追い詰めたつもりになるのだから、始末が悪い。私もしょっちゅうこの手の連中から被害を受けている。

以前はサヨクからの被害を受けることが多かったが、このところウヨクからの被害も増えている。最近のウヨクには、知識へのコンプレックスが強く、偽学者を論破することで、自分の方が真の知識人だと証明したい奴が多いようである。昔は、そういうのはサヨクの専売特許であったのだが。

昔はサヨク、今はウヨクに絡まれて――

最近、新潟県の方で在特会関係の活動をしているらしい今井道夫という人物が、「仲正昌樹はハンナ・アーレントの『全体主義の起源』を読んでいない」という記事を、活動仲間の何人かに送信したようである。そのお仲間のバカの何人かが、そのデマ記事を自分のブログにアップしているのが私の眼に入った。この今井という男は、アーレント研究の専門家を名乗って、『全体主義の起源』についての解説らしき文章を書き、仲間に回覧しているようだ——思想史を研究している学者でもないのに、専門家を自称できる神経は理解しがたいが、その今井が何かのきっかけで、私の著作『今こそアーレントを読み直す』（講談社現代新書）に関する他の人のブログ上の記事を見て、仲正は『全体主義の起源』を読んでいないと判断し、私を誹謗する記事を書いたようである。しかし、今井はそう決めつけて誹謗する一方で、私の著作を一切読んでいないことを認めている。**今井曰く、仮に仲正が少しは『全体主義の起源』を読んでいたとしても、現実を知らず表面的なことしか理解できない学者風情に『全体主義の起源』を理解できるはずがないので、ちゃんとバカにしてやる価値もないことが予め分かる、というのである。**こんなことを平気で書けるだけで、充分に狂人である。

この男が私の本を読んでないのに、私を偽学者と判断した根拠は、彼の文章にまとまりがないのではっきりとは分からないが、いくつかの断片的な記述から推測すると、**要は、仲正はサヨクなので、（ウヨクのマドンナである）アーレントを理解できるはずがない、**ということのようである。**どうして、（ネット・サヨク連中から目の敵にされている）私をサヨクと思ったのかはっきりしないが、どうも私の本に言及した第三者が、（今井から見て）サヨク的な議論の例として引用していたので、「仲正はアーレントを理解しないサヨク」、と確信したようである。**無茶苦茶、短絡的な奴である。

二〇〇九年に私がこの本を出した時には、ネット上で常日頃から「新自由主義反対！」の雄たけびをあげているサヨク連中が、読みもしないで、「新自由主義批判・格差社会反対運動の意義を理解しない仲正にアーレントを理解できるはずがない」と決めつけ、アーレントからでたらめな引用——別の思想家の言葉をアーレントのそれと勘違いするなど——をしながら、私を貶めようとした。五年半経って、今度は自称ウヨクが同じようなことをやっているのは、ある意味、興味深い現象である。アーレントは、文学的で思わせぶりな表現をうまく使うので、（ネット上のありがたそうな言葉にすぐに飛びつく）サヨク・ウヨクの双方を刺激するのかもしれない。

見栄・虚偽・誤読、三位一体渾然一如

今井によれば、仲正などのサヨク知識人は『全体主義の起源』を読んでおらず、生半可な理解のまま適当にアーレント紹介をしているので有害だが、そうしたサヨクの欺瞞は、『全体主義の起源』そのものを読めば一目瞭然であるらしい。その証拠として、サヨクのアーレント観と真逆に見える箇所を〝引用〟してみせている——引用と言えた代物ではないが。恐らく、元外交官で作家のS氏が、「専門の学者たちは、基本的なテクストをちゃんと読んでいない。本当はこう書いてある……」、という調子で、評論文を書き始めるのを真似しているのだろう。たしかに、古典的なテクストの重要な箇所を引用することによって、学者の見落としを指摘できれば、かっこいい。しかし、それにはかなりのリスクが伴う。自分の方が、その古典テクストと、それに対する当該の学者の解釈の双方を曲解し、無茶苦茶な屁理屈を言っている可能性がある。学者になるための知的訓練を受けていな

い人間は、そういう二重の誤読をしている恐れがあるので、かなり慎重になるべきところだが、今井とそのお友達たちには、その自覚さえないらしい。

実際、今井の文章は見栄っぱりの虚偽と、誤読のオンパレードである。例えば、今井は、「『全体主義の起源』ドイツ語版の○○頁には～」、という書き方をしているが、その○○頁というのは、大久保和郎氏等による邦訳の頁数である。みすず書房から出ている邦訳がドイツ語版をベースにしているので、ドイツ語版と言っているのだろうが、これはインチキである――英語版に基づく邦訳は刊行されていない。「邦訳の○○頁には～」、と正直に書かないとダメである。引用に際しては原則として原典に当たるべきだが、語学力とかオリジナルの入手困難などの理由で邦訳しか見ていないのなら、正直にそう書くべきである。そういうことは大学の学部教育レベルで習うはずだが、今井はそんなことさえ満足に習っていないのだろうか。今井がドイツ語を読めないことは、引用の随所随所で初歩的な間違いをしていることから分かる。例えば、「大衆的人間（マッセンメッシュ）」という間違ったカタカナ表記をしているが、これは大学一年の前期で習うレベルにも達していない証拠である――今井たちにドイツ語を教えてやる義理はないので、正しい表記は示さないことにするが、どう間違っているか知りたい人は和独辞書でも見てほしい。

今井の『全体主義の起源』の〝解説〟はあまりにもお粗末だが、基礎的教養のないバカがやりがちな誤読の典型的なサンプルになっている。貴重な反面教師である。そこで、今井を例にして、勘違いの基本的なパターンを何点か指摘しておこう。

『全体主義の起源』は邦訳で三巻にわたる大著――いくつかの異なったヴァージョンがあり、まとめて一巻本にしているヴァージョンもある――であり、アーレントの出世作だが、タイトルから分かるように、全体主義体制が生じるまでの歴史過程、一八世紀末からのナチズムやスターリン体制の完成までの過程を論じた著作である。アーレントは（政治）哲学者であって、歴史家でも社会学者でもないので、史料として、歴史家や社会学者が書いたものを多く利用している。第二巻『帝国主義』では、レーニン、ホブスン、ローザ・ルクセンブルク、オットー・バウアー、ヒルファディングなど――これらがどういう人なのか分からないような人間がウヨクやサヨクになると、バカに磨きがかかっていく――の帝国主義の記述にかなり頼っている。アーレントの独自性が出ているのは、この本の大半を占める歴史的記述の部分ではなく、歴史的事実に対して哲学的考察を加えている部分である。哲学・思想史的な素養がない人間は、その肝心な箇所を読み飛ばす可能性が高い。哲学・思想史の素養がなくても、ドイツ史に関する教科書的な知識があれば、少なくとも、歴史的記述にアーレントの独自性があまりないことは分かるはずだが、今井にはどちらの素養もないので、歴史家や社会学者の先行研究に依拠した内容的にはさほど斬新でもない――が、アーレント流のレトリックによってたくみに表現した――記述を、〝アーレントのすぐれた洞察〟と思い込んでいるふしがある。読み手に教養がないせいで、斬新なことを言っているように見えるにすぎない。

ただし、今井のようなド素人に限らず、プロの思想史研究者でもその手の勘違いをする人がたまにいるので、要注意である。アーレントは偉大だという先入観と、歴史学的な基礎知識の不足から、勘違いしてしまうのではないかと思う。

あえて検証する

今井の数々の勘違いの内、どういうバイアスに基づいているのかはっきりしているものを三点上げて論評しておこう。

第一点は、「始まり」の意味に関する勘違いである。『全体主義の起源』の末尾で、アーレントは、人間にとっての「始まり initium」の重要性を語っている。「始まりが存在せんがために人間は創られた Initium ut esset, creatus est homo.」、というアウグスティヌスの『神の国』からの引用である。多くのアーレント研究者はここに注目し、「始まり」の重要性を強調する。今井は、それが気に入らないらしい。恐らく、「始まり」が、革命とか革新を含意しているように思えるからだろう。この「始まり」の意義を打ち消すべく、今井は、大衆社会の俗物たちの「新しいもの」好きをアーレントが辛辣に描き出していることを〝指摘〟し、「始まり」に拘るのは、読解力のないバカ学者だと断定する。

この断定から、今井が三重の意味で読解のための基礎的教養を欠いていることが分かる。まず、本の末尾で述べられているのは、著者自身の結論であると考えるのが普通である。末尾で語られているけれど、結論的な内容ではないと主張するには、そう信ずべき根拠を示さないといけないが、今井はそういうことはやっていない。今井は自分が気に入らないことをアーレントが本気で言うはずがないと信じ切っている。彼にとってはそれで十分なのである。これでは、お話にならない。

大衆社会の俗物が「新しいもの」好きだというのは、アーレント独自の見解ではなく、アーレント以前からいろんな人が言っていることである。それを引き合いに出して、結論を打ち消そうとするのは見当外れである。そもそも「始まり」というのは、単なる「新しさ」ではない。七年後に刊行される、アーレントの主著『人間の条件』では、「始まり beginning」は、「活動 action」と不可分な関係にあり、「複数性 plurality」を実現するための主要概念として位置付けられている。「始まり」が特別の意味を持つ概念であるというのは、アーレント研究の基本である。その基本を知らないまま、私の嘘を暴いたつもりになっているのだから、呆れかえる。無礼なバカどもにタダで知識を提供してやるつもりはないので、これ以上の説明は控える。どうしても知りたい人は、拙著『ハンナ・アーレント「人間の条件」入門講義』（作品社）を参照されたい。

第二点として、アーレントが「大衆」批判として述べていることを、今井が強引に知識人批判に読み換えようとしていることがある。例えば、アーレントは、大衆が特定の世界観によって誘導される傾向があることを、社会学や心理学の知見を参照しながら指摘しているが、今井は、そんな大衆は日本にはいないと断じ、これはむしろ知識人の話として読むべきだ、と強引にねじ曲げる。「大衆」の内面性のことなど本当は分からないので、アーレントとは異なる解釈をすること自体には別に問題ないが、どうしてアーレントと関係がない、恐らくほとんど視野になかったであろう日本の大衆の話をし始めるのか。また、どうして、「大衆＝知識人」という話になってしまうのか。確かにアーレントは知識人も批判しているが、「大衆＝知識人」だなどとは言っていない。恐らく、かつて保守論壇のスターだった人が、知識人こそ典型的な大衆だとする、アーレントとは別の思想家の議論をやたらと引き合いに出していたので、それと混同しているのだろう――この人が誰で誰を引用していたのかは、〝保守論客〟にとっての基礎知識のはずなので、これ以上情報提供はしない。

　これに加えて、今井は、アーレントによるアイヒマン裁判傍聴記録である『イェルサレムのアイヒマン』の中心的概念「悪の陳腐さ banality of evil」についても、これはアイヒマンの官僚的俗物性のことであり、全然難しくない、と勝手に断じたうえで、この概念にいろいろ注釈を加える私のような学者はペテン師だと主張する。これはとんでもなくバカな曲解である。アイヒマンが「俗物である」、という平凡極まりない感想を書くために一冊の本が必要なのか。そんなつまらないことのために一冊の本を書く人間だとすれば、アーレントはつまらないおばさんである。アイヒマン裁判の記録映像をちゃんと見た人なら、「アイヒマンは俗物だ！」などという平凡極まりない感想は持てないはずである——今井は恐ろしくピント外れな奴なので、何も理解できないかもしれないが。「悪の陳腐さ」は、カントの「根源悪」論の解釈に関わる哲学的な問題であり、単なる官僚的キャラクターの問題ではない——このことは、多くのアーレント関係の研究書で丁寧に解説されている。

　今井は、どうも、［エリート＝官僚＋知識人＝俗物＝左翼］が、全体主義を作り出した諸悪の根源だと信じていて、それを、（ウヨクのマドンナである）アーレントも喝破していたと言いたいようなのだが、それは彼の妄想である。官僚や知識人だけで「全体主義体制」を作り出せるなどとアーレントは言っていないし、それは、「全体主義」という概念の意味するところと矛盾している。官僚と知識人による一方的支配体制は、全体主義体制ではない。最近のウヨクには、官僚や知識人の本質は、日本の伝統を破壊し、自分の利益だけ追求しようとするサヨク的体質だと思い込み、なんでもかんでもサヨク陰謀論にしたがる輩が多い。この手の言説も、やはり、さる有名な保守論客のお得意の言い方を無自覚的に真似たものであろう。

第三は、ナチズムの本質に関する勘違いがある。『全体主義の起源』には、ナチス運動は、もはや「国民国家」の枠に囚われることなく、むしろそれを超えて拡張しようとする傾向があったことを示唆する記述がある。今井はそれをもって、アーレントは、ナチズムの本質はナショナリズムではなく、むしろ国家の枠を破壊して、世界国家を作ろうとする超国家主義だと喝破していた、と主張する。世界革命を目指したソ連のような体制こそ、典型的な全体主義であり、ナチスはその亜種にすぎないということのようである。今井は更に、健全なナショナリズムこそ、全体主義を防ぐものだとアーレントは見抜いていた、とまで言い切る。

これは完全に今井の妄想である。まず、ナチスが国民国家の枠に拘らなかったというのは、フランスや英国など西欧諸国によって決められた国民国家相互の境界線を認めず、「ドイツ民族」の本来の生存空間はもっと広がっているはずという想定の下に、現状を変更しようとした、ということである。西欧的な意味での「国民国家 nation-state」は、自分たちは一つの「国民 nation」であるという政治的自覚を持った人民から構成される「国家」であり、三十年戦争後のウェストファリア条約でその原型が作られ、ナポレオン戦争を通して各国の「国民」意識が高まるなかで、次第に実体的な政治の単位になっていったとされている。「民族 Volk」というのは、同じ文化や言語を共有する人びとの集合であるが、必ずしも政治的自覚を持っておらず、共通の国家を持っている必然性もない――〈Volk〉の元の意味は、「民衆」である。歴史的な「民族」意識に基づいて、「ドイツ民族」の文化のルーツを探究し、伝統を保存していこうとするロマン主義的な運動は、一九世紀初頭からあったが、第一次大戦後、多くの領土を失ったことで、若者の間に「民族」意識が急速に広がったとされている。ナチスもそうした「民族」運動の一つであった。民族主義者たちに言わせれば、「ドイツ民族」の居住空間は、第一次大戦後のドイツ＋オーストリアの領土の範囲をはるかに超え、ベネルクス三国からヴォルガ河まで及ぶ。そうした民族主義的運動は、ドイツ統一の原動力になった一九世紀の自由主義的なドイツ・ナショナリズムよりも拡張傾向とイデオロギー性が強いが、ナショナリズムでないとは言えない。この程度のことは、ドイツ史の常識である。アーレントも、ドイツ史の基本的知見を踏まえて、ナチズムの反西欧的な民族主義を記述している。『全体主義の起源』の第一巻では、西欧諸国における国民国家の形成過程で、ユダヤ人がはじき出されたこと、第二巻では、一九世紀後半に各国民国家をベースとした排他的な帝国主義政策が展開されたことが――レーニンなどの議論を下敷きにして――記述されている。アーレントは、国民国家の存在を全否定しようとしているわけではないが、無条件に国民国家と結び付いたナショナリズムを肯定しているわけでもない。今井はとにかく、「ナショナリズム＝健全／インターナショナリズム＝全体主義」ということにしたいのだろう。それを示唆しているように見える箇所を、前後の文脈を無視して集めてきて、曲解まじりの〝解説〟を展開している。

〝誤読バカ〟の標本

結局のところ、今井は、「知識人＝俗物なサヨク」と「ナショナリズムの否定＝全体主義」という二つの自説を、アーレントが証明してくれていると思い込み、その観点から一貫した誤読を続けているのである。彼は、そうした妄想を前提として、『全体主義の起源』は奇蹟だと書いているが、**これほどまでに、ど素人——思想関係のテクストの読解に関して、素人／玄人の区別をするのは本来私の望むところではないが、今井のように思い込みが強く、失礼な物言いをする輩は、〝素人〟と呼んでもいいだろう——の典型的な誤解の数々を一身に集約した「誤読バカ」が誕生したことこそ、日本のウヨク系ネット文化の奇蹟である。**

私は、今井やお仲間のハンドル・ネーム「もえとら」などに対して、こうした間違いの一部を指摘したうえで、謝罪を求めたが、連中からは何の返答もない。「もえとら」等は、私の名前の入っている箇所だけ消して、だんまりを決め込むつもりのようである。今井は、件の〝解説記事〟の中で、「仲正から反論があれば、聞いてやったうえで、徹底的にその欺瞞を暴き出し、バカにしてやろう。こいつは大学教授なのだから、税金返せと言っていいレベルだ」などと、偉そうで無礼なことを言っていたが、実際には、この体たらくである。極上のバカであるうえ、卑怯者であることも明らかになった。

こういう連中は、美しい国日本を汚染し、保守陣営の知的劣化を促進する〝害虫〟である。国を愛する心が少しでもあるのなら、さっさと日本海に飛び込み、その奇蹟的な愚劣さと共に消えさるべきである。

PC教団化する〝経済論客〟たち　二〇一五年三月一日

私は『Newsweek 日本版』の二月二十四日号の『ピケティ狂騒曲』という特集に、「ネタ化する学術書ブーム」という、ピケティ・ブームに論評する文章を寄稿した――タイトル自体は、編集部が付けたものである。タイトルから連想されるように、評判になっている、ピケティの『21世紀の資本』が、本の中身と乖離した、いかにもバブル的な持ちあげられ方をしていると皮肉る、コラム的な文章である。この特集、及び私の文章に対して、『21世紀の資本』の訳者の一人である山形浩生――彼は単独の訳者ではなく、三人の訳者の一人である――が、そのブログ「山形浩生の『経済のトリセツ』」で、「『ニュースウィーク』：当事者意識のない無惨な特集。」という批判文を掲載している。訳者の一人として、軽薄なブーム扱いされるのは心外だと思うのはもっともだが、この山形の文章には、理解しがたい独断と思い込みによる決めつけが含まれている。しかも、当然予想されたように、山形のことを「山形御大」と呼ぶ山形ファンらしき人間や、ピケティ・ブームに便乗して「安倍＋グローバル資本主義」批判をやりたいネット・サヨク、社会科学っぽい騒ぎがネット上であると必ずたかって来る野次馬などが集まってきて、『Newsweek』の特集も私の文章も読まないまま、あるいは山形に輪をかけたような決めつけと思い込みに基づいて、私と同誌を誹謗した。同調した人数は大したことはなかったが〝経済論客〟ぶっている連中の、あまりにも支離滅裂な言い分に呆れかえった。以下、山形等の言い分のどこがおかしいか述べておこう。なお、『Newsweek』に掲載された私の文章の内容は、同誌を見ればすぐ分かるので、要約はしないことにする。

ピケティへの〝尊敬の念〟が感じられない？

山形等の言い分でおかしなことは、大きく分けて二点ある。一つは、ピケティ・ブームの場合のように、学術書とか学者の理論がバブル化してブームになっていることについて、『Newsweek』のような雑誌、あるいは、私のような学者が、それを皮肉るような特集を組んだり、文章を書いたりするのは倫理的に許されないかのような物言いだ。山形たちは、学術書や理論が話題になっている場合、マス・メディアや学者は、それに対する賛否いずれかの意見を表明することに集中すべきで、余計なことを言ってはならないという前提に立っているようだが、それは当たり前の前提なのか？

その本や理論の中身とあまり関係なく、多くのメディアが勝手にイメージを膨れ上がらせて、ブームを作り上げているとしたら、そのことについて他のメディアが、「バブルじゃないの？」と指摘することのどこがおかしいのか？　そこに学者が寄稿するのは、学者の本分にもとる行為なのか？もし、ピケティが日本でブームになる前に、「どうせバブルじゃないの？」、と暗示するのだとすれば、確かに妙な感じはするが、日本語訳が出る以前からピケティは既にかなり評判になっており、いくつもの雑誌が特集を組んでいた。ピケティ来日の前後にはＴＶやインターネットの番組でかなり大々的に取り上げられていた。山形自身も批判しているような、ブームに便乗した、ピケティ入門書や批判書、論文もかなり刊行されている。イメージが独り歩きしているのではないか、と皮肉っぽく指摘するメディアがあってもいいではないか？　それを機に議論が整理されるかもしれないではないか？

山形の気持ちとしては、そういう皮肉はもっと後でいいだろ、ということかもしれないが、上記の彼の文章はそうは読めない。バブルだと皮肉るのは、無条件に非倫理的で、あるまじきことだと言わんばかりである。山形や彼の〝お仲間〟たちは、「たとえバブル的な人気であろうと、人気があること自体には理由があるはずだから、それをからかうのは、ブームを支える人をバカにすることだ、とんでもない」、というような、ベタな大衆・消費者崇拝の価値観を持っているのだろうか？

山形は、特集全体がピケティ・ブームをからかう内容になっているかのような言い方をしているが、そんなことはない。この特集には山形自身の文章を含めて、ピケティを強く支持する文章や、ピケティの問題提起の中身を真剣に検討する文章も掲載されている。特集全体のタイトルと、ブームを皮肉る私の文章がリンクしているかのように見えること、そのことによって間接的に、訳者として寄稿した山形が虚仮にされたかのように見えることが不快だったのかもしれないが、もしそれで腹を立てているのであれば、度量の小さい奴である。自分の寄稿した文章が、特集の中で浮いていたり、少数派になったりするのは、物書きをしていればよく経験することだ。ピケティをちゃんと読むべきだとアピールする彼の文章が、歪められることなく、そのまま掲載されているのだから、それでいいではないか。それとも、何か痛い所でも突かれたのだろうか？　ひょっとして、『21世紀の資本』の売上を物凄く気にしているのか？

当然のことながら、私は編集部の意向の代弁などしていない。ピケティについて特集するので、ブームのから騒ぎ的なところを指摘する文章を書いてくれないかと、編集部から言われたので、単純に引き受けたが、何となくのイメージとして、特集全体はピケティの主張を真剣に考える、というようなトーンになっているのではないかと想像していた。特集のタイトルは、私にとってもやや意外だったが、先に述べたように、ピケティの問題提起を好意的に受けとめている文章も掲載されている。山形を一方的に虚仮にするような流れにはなっていない。ブームを皮肉る特集タイトルを付けること自体がけしからん、そういう趣旨の仲正の文章を載せること自体が、山形とピケティ、ピケティ・ファンに対する侮辱であると言うのであれば、おまえたちは何様か、と言いたい。この特集のサブタイトルは、「『聖人』ピケティは格差を救うか」である——編集部がこのサブタイトルを付けた理由も、私の関知しないところである。バブル気味のブームではないかと冷笑しているように見える文章が載ってい

『News Week』日本語版
（2015年２月24日号）

るだけで、ピケティ潰しだと大騒ぎする、彼らの不寛容な振る舞いを見ていると、結果的に、このサブタイトルは正鵠を射ていたのではないかと考えざるを得ない。社会学者で、ピケティ専門家を気取る稲葉振一郎は、私の文章は藁人形叩きだとツイッターで言っていたが、彼を含めたネット上のピケティ・ファン・クラブの反応を見る限り、全然、藁人形叩きではない。

〝縄張りを犯された〟？　ことの不快？

もう一点の問題は、山形が、ピケティを私が知らない、経済の本を読んでいないと決めつけ、ネット上の野次馬たちがそれを真に受けていることである。知らなくて、どうしてピケティ・ブームを皮肉れるのか？　また、どうして私が経済の本を読んでいないと分かるのか？　山形の批判文を見る限り、彼は、私がブームを皮肉る文章を書いていることから、私が経済（学）のことを知らない、関心がない、と即断したようである。しかし、どうしてそこまで発想が飛躍するのか理解に苦しむ。無論、私は経済学者でも統計学者でもないので細かい論点について専門的なコメントをすることはできないし、すべきでもないと思っているが、分配的正義をめぐる政治哲学や政治思想史は専門であるし、経済哲学・経済思想史に関してもこれまで何本か論文を書いたり、著書を出したりしている。何についてどういうことを書いているかは、ネット検索してみれば、すぐ分かる――山形や稲葉は、そういうことを知らないか、知っていても、それは彼らの言う〝経済学〟とは関係ないので、やはり仲正は〝経済学〟に関心を持とうとしていない、と主張するかもしれないが。

政治哲学者と経済学者の間の分配的正義をめぐる論争とか、経済学者の政治哲学的論考について何か書こうとすれば、関連する経済学の本や論文も、それなりに読んで、どの程度の関連性があるか検討しなければならない。私が書こうとしていることとの直接の関連性が薄いと判断すれば、注で言及するに留める。それは論文を書くうえで、当然のことだ。本を読むたびに、その感想文をネットにアップするまともな学者はいない——専門から離れたテーマの本まで論評していたら、研究時間がいくらあっても足りないし、無意味である。しかし、2ちゃんねるなどで学者・知識人の悪口を言っている連中には、その当たり前のことが分からないらしい。いかにも〝経済学〟っぽいテーマ、例えば、アベノミクスの是非とかリフレとか量的緩和とかTPPなど、BSの経済番組でよくやっているようなテーマについて、それらしい意見を述べないと、〝経済学〟に無知ということになるようである。［その手の論争っぽいことに参加しない＝無知］ということらしい。おかげで、私はいろんなことに関して無知だということにされている。山形も、それと同じレベルのことを考えているのだろう。

こういうことを言ったら、「だったら、どうして自分の得意な政治哲学とか経済思想史に引き付けた文章を書かないのか。やっぱり書けないのか！」、と言い出す輩がいるかもしれないが、それは、そういう依頼ではなかったからである。ピケティに関して政治哲学や経済思想史に引き付けて書くことにも、そのブームのバブル性について書くことにも、それぞれ意義があると思っていたが、今回はたまたま後者で頼まれたというだけのことである。そういうことに関して、山形や稲葉、にわかピケティ・ファンたちに指図されるいわれはない。学者が、ブームを皮肉るようなコラムを書くべきではないと言っていた人もいたが、どうして学者がコラムを書いたら悪いのか。専門的な論文のつもりで書いているのなら、かなりイタイ奴かもしれないが、私はそんな勘違いはしていない。

既に述べたように、今はまだブームがどうのこうのと言うべき時期ではない、と彼らが思っているのであれば、そう主張すればいいだけである。どうして私の人格を否定したり、経済学的教養がないと決めつけて、誹謗する必要があるのか？ サヨク的な音楽活動をしているらしい、ハンドル・ネーム「渡邊裕樹27さいA型しし座」という人物が、山形の文章だけ見て、完全に真に受け、「仲正昌樹という人、本当にひどいな」とツブヤイテいたが、ひどいのはおまえの頭の中身と人格だろう！

〝比類なき存在〟としてのピケティ

あと、山形は、私が同じようなブームになった対象として、サンデル、アーレント、ネグリなどを挙げたことを持って、「てちゅがくしょ」――山形は興奮すると、幼児口調になるようである――しか読んでおらず、経済の本を読んでいないのモロバレ、と書いているが、これはどういうつもりだろうか？ 経済学の本を読まないから、経済の本を引き合いに出せないと短絡したのかもしれないが、単純にそう思い込んでいるとしたら、頭が悪いとしか思えない。書いてある中身ではなく、どのように持ちあげられているか、演出されているか、という観点から、サンデル、アーレント、ネグリ、マルクスと対比したのである。私が、主張の中身で対比していないことは、まともな国語力があれば分かるはずである――山形に脊髄反射的に同調している連中は、思想の中身を「対比」したと思い込んだのか、それとも、「対比」というのがどういうことかよく分からないが、何かすごく悪いことなのだろう、と迷信的に信じ込んでしまったかのいずれかだろう。

　経済学者に関するブーム的なものとして、『Newsweek』の編集部も挙げていたガルブレイスの『不確実性の時代』とか、ミルトン・フリードマンの『資本主義と自由』とか、ケインズVS.ハイエクとか、ポズナーとか、スティグリッツとか、山形が好きなクルーグマンとか、行動経済学とか、『もしドラ』とか、思い当たるものがないわけではなかったが、どれも持ちあげられ方、演出のされ方が、今回のピケティとは違っていて、むしろサンデルなどの方が近いし、同じラインにピケティも乗っているように思えたので、そういう対比にしたのである。どういう風に似ているか、関連しているかについては、私の文章をちゃんと読んでもらえれば、分かるはずだ。それが分かったうえで、やはりその対比はうまくないとか、経済本でもっとうまく対比できるはず、といった指摘であれば、傾聴に値するが、どういうつもりで対比しているのかさえ分からないのであれば、話にならない。稲葉は「斜に構える芸は外すとかっこ悪い……」とツブヤイていたが、基本的な国語力のない人間にも必ず効くような文章を書くことなど、どんな文章の天才にも不可能である。

　山形は何故か、私がネグリを引き合いに出したことがすごく気に入らないようだが、何が気に入らないのか？　ネグリの『〈帝国〉』は売れ行きが『21世紀の資本』と全然違うので、比べることが失礼だとでも言いたいのか？　山形は、ネグリに注目する人は現代思想界隈に限られていた、ということしか言っていないので、そう思われても仕方ないだろう。もし、山形がピケティについて真剣に論じようとしている人もいるのに茶化すのは失礼だ、と本気で思っているのなら、読者が少ないことをもってネグリをバカにするのは矛盾しているだろう。自分（たち）は特別なのか？　因みに、ネグリのプチ・ブームの時に、ネグリの〈帝国〉論とセットで、経済学者トービンの提唱するトービン税なるものを実現すべきだと――自分でも何のことかよく分からずに――主張していたサヨクたちがいた。それとピケティのグローバル資本に対する累進課税の話が何となくかぶっているように見えたので、そのことも書こうかと思ったが、短い原稿の中でちゃんと説明しようとすると煩瑣になるので、止めておいた。もし私がそういう皮肉を書いていたら、山形たちはどう反応したろうか？

支離滅裂意味不明なエピゴーネンたち

山形自身の決めつけはどういう思考回路によるのか、ある意味分かりやすいが、それに同調する連中の言い分は、本当に意味不明である。「Lyiase@勝どき」なる人物が、「ところでNewsweekの特集内でピケティ氏の『21世紀の資本』に対して、仲正昌樹氏が持ち出した本が「アーレントとかサンデルとかネグリ」っていうのはちょっと酷くないか」とツブヤいているが、これはどういうつもりだろうか？　字面通りに受け取ると、『21世紀の資本』のような経済学の本は真面目な人が読むもので、アーレントとかサンデルとかネグリのような「てちゅがく」の本は、ふざけたヒマ人が読むものだと断じているとしか思えない。本当に何様のつもりだろう。

もっとヘンなのは、〝ルーマン専門家〟を自称し、ネットでいろんな争いごとに首を突っ込んでくる、ハンドル・ネーム「contractio」（酒井泰斗）という人物である。こいつは、山形の科白を引用する形で、「マヨネーズ噴いたわ。『ちなみに仲正が、ピケティ本に対比するため持ち出してきた本というと、アーレントとかサンデルとかネグリだ。』」とツブヤいているが、これはどういうつもりだろう？　これと同じ様な反応をした奴が他に二〜三人いた。本当に意味不明なので、少し考えてみた。これだけで本当に噴き出すとしたら、私が「ピケティの言っているようなことはアーレントやサンデルやネグリが既に言っていて、目新しくない」とか「克服された」とか、どこかのサヨクじいさんみたいなことでも言っている、と連想したとしか思えない。他に説明のしようがない。それとも、contractio たちは、偉い先生の講演会に参加し、面白くもないジョークに対してわざと大笑いしてその場を盛り上げるサクラのように、有名人が他人をおちょくるのを見ると、意味も考えずに脊髄反射で同調する、単純な生き物なのか？

「YoshiCiv」という人物が、山形のブログのコメント欄で、「ピエティの本が統計本って事を知らないと上みたいな結論になるわな」と言っていたが、これはどういう意味だろう？　――実際に「ピエティ」と書いている。〝経済学〟が分からないと、あの本では政策提言することよりも、客観的な統計資料を呈示することに主眼が置かれているということさえ分からない、とでも言いたいのだろうか？　稲葉振一郎が、「理論が希薄であることには理由があるのだがそこまでの読解を素人に求めるのも酷だ」と言っているのも、多分そういうことだろうが、私は相当バカに見られているようである。その私に言わせれば、おまえたちの想定している経済学の玄人／素人の境界線とはそんなものか！　他に言いようがない。〝経済学〟という高貴な学問、特に〝聖人ピケティ〟の理論の核心について語ることのできる自分たちが、大好きな人たちなのだろう。

もう一つの意味不明な反応として、自称雑誌編集者見習いの「megaane」という人物による、以下のようなコメントがあった。

「大澤先生の増税論議とか、U田せんせーとか、ここで一刀両断されてる仲正昌樹さんとか、人文系の先生方がこと格差・再分配みたいな話でこんな感じなのをみると、現代はじまったなとおもったりする」。

「こんな感じ」というのがよく分からないが、ツイッターにかじりついている人間が、こういう曖昧な言い方をするのは大抵ネガティヴな意味なので、恐らく、ネットで騒がれるようなバカな発言をした、と言いたいに違いない。**大澤真幸氏と内田樹氏が先生で、私が「さん」だということは、かなり彼にとって私は、かなり格が下の存在なのだろう――「一刀両断されている」というのは、かなり失礼な言い方である。**一体大澤・内田両氏と私の間にどういつ共通性があるのだろう? 大澤氏の場合、実際に増税を肯定する議論をしているのに対し、内田氏の発言というのは、恐らく、彼の格差社会論のことだろうが、彼は格差に対する個人の心構えのようなことを言っているだけで、政策論議はしていないはずである――ひょっとすると、どこかでそれとは別に具体的な政策論のようなことを言っているのかもしれないが、一般的にはほとんど知られていない。私は既に述べたように、(少なくとも山形やこの人物が言及している当該の文章に関する限り)ピケティ・ブームについて語っただけで、格差はいいことだとか、再分配はやらなくていいとか主張しているわけではない。格差や再分配について論じている思想家についての解説書や論文なら書いた覚えはあるが、自分の経済政策観を述べているわけでもない。しかし、どっちみち、見習いのmegaaneは私がそういう種類の本を書いていていることなど知らないだろうし、私を非難している山形は、仲正は〝経済〟のことを知らない、関心がないと断じているのだから、それを信じるとすれば、私が「格差・再分配」の話をしているのはおかしいだろう。強いて三人に共通項があるとしたら、〝何となく経済っぽい問題〟に関連してネット上で非難されたことがある、ということくらいである。これこそ強引な〝対比〟と言うべきだ。そもそも、どうして、ネットでたかが十数名のよく分からないで騒いでいるだけの人間に非難されただけで、「専門外のテーマでありえない発言をしたイタイ奴」、ということになってしまうのか？　こんな大ざっぱな感覚だと、まともな編集者にはなれないだろう。この人物は、先のツイートに続けて、

「『平坦な戦場』、あるいは『終わりなき日常』の終わりというか。この前読んだ『最貧困女子』の風景とか、飯田泰之先生が言ってる『64の格差』の話とか、近代・そして戦後リベラルの時代がそろそろ終わり、ようやく現代がはじまるというか」

と述べているが、内田・大澤両大先生と並んで、私も賞味期限が切れた「戦後リベラル」の一人だと言いたのか？　「現代」って一体なんだ？　この人物の頭の中では、ハルマゲドンの闘いが進行中なのだろう。さぞや、エキサイティングな日々を過ごしているに違いない、と思う。ところで、

この人物が推している経済学者の「飯田泰之先生」らしい人物も、山形等の騒ぎに便乗して、ツイッター上で『Newsweek』の特集は、「ブームで終わってほしい願望にさえる」、という陰謀論っぽいコメントをしていた――「さえる」は「見える」か「にさえ見える」の書き間違いだと思うが、私はその陰謀の手先ということになるのか？　そういうのが、「現代」をリードする立派な学者なのだろう。

揶揄されたことを怒る前に考えるべきことがあるだろう

いろいろおかしなことはあるが、私が一番腑に落ちないのは、山形がピケティの問題提起を契機として、真面目な議論が起こっていると強調している割に、その中身について説明しようとしないことだ。

「ぼくは、ピケティ本の影響（というよりピケティの一連の研究の影響）はかなり大きなものとして続くと思ってる。それを見るにはどこを見ればいいかも、見当はつく」と彼は言っている。「どこ」なのだ？

確かにピケティ・ブームで、格差に関する議論は再燃しているが、その内容の多くは、ピケティの本によって統計的に裏付けられたこととあまり関係がない。以前から言われていたことである。とにかく格差社会論議を再び盛り上げることが重要だというのであれば、「格差」に関する本でインパクトさえあれば、ピケティの本でなくてもいい、ということになる。山形等は気に入らないだろうが、文学作品である『蟹工船』も一時期大ブームになり、〝格差社会論議〟を牽引した。それと同じでいいのか？　私はそれを問題にしたのである。

そういうイメージ的なものではない、ちゃんとした学問的な論争や議論が日本国内でも進行しているというなら、山形たちは、私の人格攻撃のようなつまらないことなどしないで、ちゃんと紹介すればいいのである。山形は自分のブログで、自分流の『21世紀の資本』のトリセツを公開したり、ピケティ専門の異端審問官みたいに誰それのピケティ論はいい、誰それのはダメだ、といった論評をやってみせたり、ピケティの東大講演で東大生が、「僕らが恵まれた家庭に生まれたのは悪いことですか」と質問したことに感動したとか言っているが、ピケティの問題提起を契機にどういう種類の〝画期的な経済学的議論〟が進行しているのか、という最も肝心なことは語っていない。ひょっとしたら、どこかで言っているのかもしれないが、彼のブログからは見えてこない。

例えば、現在の日本の税制と予算の配分を具体的にどう変更したら、どのくらいの経済成長が達成可能で、どういう形で格差が縮小するのか、ちゃんとシミュレーションして、政策提言するような議論が、ピケティのデータと分析をもとに着実に進められているのであれば、もったいぶらないで、ちゃんと紹介してほしい。〝正しいピケティ解釈〟を延々と続けたり、（日本の経済について詳しい知識を持っているとも思えないし、金融政策の専門家でもない）ピケティの来日時の発言を引用して、アベノミクスを批判するだけでは、ちゃんとデータに裏付けられた政策論議には繋がらない。さすがに山形もそんなことくらい分かっているだろう――本当に「聖人」扱いしたいなら話は別だが。あるいは、教育格差を効果的に解消する方法が、ピケティの議論を契機に発見されたのなら、是非教えてほしい。教育格差には、親の年収との直接の因果関係を認めることが難しい要因も多く関係しているが、それを経済政策でどう制御するのか？　また、グローバルな累進課税を実現するための国際協調体制の構築に向けた具体的な話し合いがどこかで着実に進んでいるのなら、教えてほしい。国民の収入や財産に関する情報を複数の国家がどこかで完全に共有することさえかなり難しいと思うが、それに加えて、徴収した税をどう配分するのかもきちんと決めておく必要があろう。トービン税も、これとセットで導入すべきかも検討すべきだろう。これは、〝経済に関心のない仲正〟にとっても、極めて興味深い問題である。〝経済が分からない仲正〟のような人間にもピンと来るように、丁寧に教えてほしいものである。

こういうことを言うと、真面目ぶった輩が、「何を急かしているのだ。本格的な議論はこれからだ。そういう風に急かして、真面目な議論を潰そうとしているのか！」、と言い出すかもしれない。もし、本格的な議論はこれからだと思っているのであれば、そう正直に認めたうえで、そんなに焦らせるな、と言えばいいだけのことだし、さほど影響力のない私ごときが嫌味を言ったくらいでダメージを受けるようなブームなら、その程度のものだった、というだけのことである。

「お前たちごときには理解できないだろうが、分かっている人たちはどこかでちゃんとまともな議論をやっている」、と暗示し、相手を見下すのは、ＰＣが大好きなサヨクや生半可なフェミニストがよく使う手口である。例えば、「あなたたちが言っているように、差別をするような心を持っていること自体が悪であり、絶対に克服すべきだとすれば、子供たちを、そういう偏見を持った親や教師から完全に隔離し、純粋培養教育しないといけないということになるのではないか？　それだと全体主義にならないか？　誰が正しい教育をするのか？」、というような疑問をぶつけると、「あんたの水準は恐ろしく低い。ものすごく周回遅れだ。そんな問題はとっくに、〇〇論争で克服されている。それとも、反差別運動を妨害するため、そんなことを言っているのか！」という〝答え〟が帰って来るが、その〇〇論争なるものでどういう風に決着がついたのか、はっきりと分かるように説明しようとはしない。そういう風に、自分たち選ばれし者だけ〝高尚な真理〟を知っていることにすると、気持ちがいいのだろう。今回の山形、稲葉、contractioたちの反応を見ていると、そうしたPCクラブ的な体質を感じざるを得ない。彼らは反サヨク的なポーズの取ることが多いが、体質はサヨクと同じである。

最後に念のために言っておく。山形や稲葉は完全に誤読しているが、私は『21世紀の資本』や『〈帝国〉』の中身について良し悪しを言っているわけではない。どちらかと言うと、良く言っている。今回の山形とか稲葉のような振る舞いをする人間が嫌いだし、ちゃんとした議論をするうえでも有害だと思っているので、皮肉っているのである。

やたらと「ピケティ」の名を口にしたがる人達の基礎学力

二〇一五年四月三日

前回は、ニューズウィークのピケティ特集に関して、『21世紀の資本』の訳者の一人である山形浩生が自らのブログで、私を個人的に誹謗中傷する、かなり陰湿なコメントを書いていたので、山形と彼に（どういう話なのかわけも分からないまま）同調し私を誹謗中傷したツイッタラーや2ちゃんねらーに抗議する文章を書いた。いろいろな問題を指摘したが、重要なのは以下の二点である。

私が経済の本を一切読んでおらず、関心がないのにピケティ特集に寄稿したと山形一派が決めつけていたので、「どうしてそういうことが言えるのか。他人がどういう本を読んでいるのかどうやって分かるのか？」、ということと、「それほど偉そうなことを言うのであれば、単なるピケティの注釈の次元を超えた、応用的・発展的な議論が行われていることを示して見せろ！」、ということである――。山形は、私（仲正）の知らないところで、ピケティの問題提起を契機として従来の格差社会論とは異なる極めて生産的な議論が行われているかのような言い方をしていた。

そういうごく単純な話なのだが、山形一派や（何故か）ピケティを推しているネット・サヨクたちはそのポイントを理解できず、またもや――到底再反論とは言い難い――的外れな中傷誹謗を繰り広げた。どうして、これほどのバカどもが〝経済論客〟ぶって、他人を攻撃するのかと思うと、憂鬱になるが、連中の動向を少し観察している内に、ネット上のバカの面白いサンプルが結構見つかったので、紹介しておこう。次いでに、私を名指して攻撃しているのではないものの、山形に便乗して騒いでいたネット・サヨクのことも話題にしたい――ここ一〇年くらいのサヨクの急速な知的劣化のいいサンプルなので。

〝中学校レベルから国語力を鍛え直さなければならない〟のはどっちか！

先ず、一番お話にならないのは、私の文章が細かい論点にわたり、やや長いのでついてこれなくなった連中のリアクションである。彼等の一部は、自らの読解力・忍耐力のなさを私のせいにした。「仲正の文章があまりにもアレなので……」というような言い回しで、私をおちょくろうとする輩が数名いた――ひょっとしたらほぼ同一人物かもしれないが。私は誤解がないようにかなり細かく書いたので、理解しにくかったのかもしれないが、理解できないのなら、関係ない人間が余計な捨て台詞を吐くべきではない。

全く理由を述べないまま、いきなり「どちらと言うと、山形の肩を持ちたい」とツブヤく奴もいた。こいつは、全くの思い込みで、「仲正が経済の本を読んでないのモロバレ！」、などと下品な台詞――こういう奴が、某シンクタンクに勤めているというのだから呆れかえる――を吐く山形の肩を持ちたいのか？　恐らく、山形と同様に、他人を誹謗中傷することに喜びを感じる、クズなのだろう――山形やそのお仲間のような無礼な輩はクズ扱いしてもいいだろう。

どういうわけか、私がピケティ批判をしていると思い込み、その前提で私をバカにしようとする輩もいた。

juns76（eternalwind）というハンドル・ネームの人物は、以下のようにツブヤいている。

「別にピケティの考え方を全部受け入れる必要ないんだよね。この点では仲正先生のピケティ批判も頓珍漢なんだけど。ようするに、クズネッツカーブが成立しないってことを統計的に立証したってだけでいいわけよ。コレがレッセフェール的な経済学思想に大きなダメージ与えたから。」

私のピケティ批判というのが何のことか見当がつかない。今回の騒ぎの後で、『正論』に寄稿した文章では、ニューズウィークの記事よりも、多少長めに『21世紀の資本』の中味の紹介をしたが、ピケティの理論のどこかが間違っているとか、弱い、とか書いた覚えはない。別の人と間違えているか、r＞gになる必然性をピケティが理論的に証明したわけではない、という当たり前のことを述べたのを批判と勘違いしたのか、どちらかだろう。後者の場合、「ピケティは○○については語っていない」、と述べたら、ピケティの理論を批判したことになる、と思っているのだろうか？　頓珍漢なのはどっちだ！　〝経済論客〟ぶる前に、中学校レベルから国語力を鍛え直せ！

これと似たような頓珍漢なクレームに、TONIEOTOWA（TONIE OTOWA）という人物による以下のようなものがある。

「仲正さんが数理経済学の専門家でないことは確かで、ピケティの本はなにが画期的だったかというと数理経済学の範疇で実証して見せたことにあるというのを考えると、どうかな、とは思いますけどね。」

この言い方からすると、私が数理経済学的な問題についてピケティを批判したと思っているのだろうが、全く覚えがない。強いて言えば、先に述べたように、r＞gになる必然性をピケティが証明していない、と言ったことぐらいだが、こいつはそれを、数理経済学的批判だと思っているのだろうか？　あと、ピケティ自身は数理経済学の素養がある経済学者であるというのはいいとして、『21世紀の資本』で展開されているような議論を、数理経済学と呼ぶのだろうか？　細かい統計数値に基づいて、格差について論じた本ではあるが、あの本の叙述自体は数理経済学ではない。もしそうだったら、あんなに売れないだろう。それとも、こいつは数字がたくさん挙げられ、r＞gのような簡単な式が出てくれば、それだけで数理経済学になると思っているのだろうか？

あと、私の山形に対する、「それほど偉そうなことを言うのであれば、単なるピケティの注釈の次元を超えた、応用的・発展的な議論が行われていることを示して見せろ！」という注文を曲解して、私がそういう議論は一切行われていないと断じているかのように装って、しつこく文句を言っていたgannbattemasenn（偽トノイケダイスケ（久弥中））というバカがいた。このバカは、そういう議論が行われているかどうかよく調べてから発言すべきだと言っているが、私はそんな断言はしていないし、立証する責任は、偉そうなことを言っている山形にある。私は山形等と違って、ピケティの〝正しい理解〟について偉そうなことなど言っていない。この人物は更に、どこぞの学会でピケティについての討論が行われたという話を山形がブログで紹介していることをもって、彼が進行中の応用的な議論の中味を紹介しているかのように言っているが、［学会で取り上げられること＝ピケティの研究を応用した経済政策の練り上げが進んでいること］、とでも思っているのか？　ひょっとしたら、どこかの学会で実際に、単なる注釈ではない、生産的な議論が進行しているのかもしれないが、それを紹介すべきは、ピケティのことならなんでも知っていますとばかりに偉そうな態度を取っている山形である。こいつも、〝経済論客〟ぶる前に、中学レベルから国語力を鍛え直すべきである。記憶障害によるとしか思えない暴言もあった。traiyuve（shoji）という人物が以下のように言っている。

「そういえば、仲正がニューズウィークでやってたピケティ揶揄もひどかった。白熱教室ブームと対話型授業を批判してたが、そこに的を絞ったのはサンデルの時に、これがほんとの正義だ、とかって尻馬に乗ってた自分に対する後ろめたさなのか？」

これは、私には全く心当たりのないいいがかりである。サンデルの本の書評を書いたり、政治哲学関係の著作で少しだけ触れた覚えはあるが、「これがほんとの正義だ」などと言ったことはない。どちらかと言うと、批判的にコメントしている。恐らく、小林正弥氏あたりと間違えているのだろうが、自分のあやふやな記憶に確信を持ってしまうような人間は、ネット上で不特定多数に向かって発信すべきでない。

あまりにも浅薄な〝サヨク論客〟

前回のエッセイ以降湧いて出た、私に対する誹謗で特にひどいのはこれくらいだが、先に述べたように、『ニューズウィーク』の特集に文句を言っていたネット・サヨクたちの思い込みが少し気になる。連中は何故か、『ニューズウィーク』は反グローリズムを抑え込もうとして、ピケティ潰しを企てている、とツブヤいていた。ということは、ピケティは反グローバリズムを提唱している、ということになるのだが、ピケティはどこかで反グローバリズムを提唱しているのだろうか？ この連中はバカの一つ覚えで、「ピケティ＝反グローバリズムの闘士」とツブヤいているだけなので、何を根拠にそう言っているのか不明である。ひょっとすると、グローバル累進資本税のことを言っているのかもしれないが、この提案は、名称にグローバルと入っているが、反グローバリゼーションとは関係ない。そもそもこの連中は、「反グローバリズム」という言葉で何を言おうとしているのか？ 「反グローバリズム≒反資本主義」と思い込んでいるのかもしれないが、ピケティは資本主義を終焉させるために、資本への課税を提唱しているわけではない。これははっきりしている。

最近のサヨクは、「反グローバリズム」がどういう意味なのか理解しないまま、「反グローバリズム」を叫んでいるように思える。ピケティを反グローバリズム扱いしているのは、その端的な現われだ。日本のサヨクが「反グローバリズム」を口にし始めたのは、一九九九年のシアトルの反ＷＴＯ闘争とか、二一世紀に入ってすぐのネグリ・ブームくらいのことである。各国の人民の連帯を訴えるサヨクが、「反グローバリズム」を口にするのはおかしな感じがするが、あの頃は、金融を中心にグローバルに展開し、各国の政治や文化にも影響を与え、民衆の生活を圧迫するようになった多国籍企業の活動に抵抗することを、「反グローバリズム」と呼んでいるのだということが、それなりにはっきりしていた――実際にちゃんと理解していたのはごく一部だけだったかもしれないが。流動的な短期投資を抑制するためのトービン税の構想を、新左翼系市民運動が推奨するという奇妙な現象も起こった――あの連中は本当にトービン税の意味を理解していたのだろうか？　ひょっとすると、今ピケティを推しているサヨクたちは、グローバル累進資本税と、トービン税を混同しているのかもしれない。

「反グローバリズム≒新自由主義」と考えている可能性もあるが、少なくともピケティは「新自由主義」なるものを定義して、それを思想的に批判したりしていない。ピケティを新自由主義批判に結び付けているのは、ピケティ解説のふりをして、自説を宣伝しているサヨクの〝論客〟たちである。仮に、ピケティが「新自由主義」を批判して、健全な資本主義を育てていこうという提案をしたら、サヨクたちはそれを支持するつもりなのだろうか？　彼らは、資本主義に対するどういう考え方を、「新自由主義」と呼んでいるのだろうか？　ネグリ・ブームの頃には、フーコーの生権力論などと結び付ける形で、新自由主義は人々から主体性を奪い、統治しやすい客体にしてしまうといった雑な〝議論〟をしているサヨクもいたが、最近はそういうのさえ聞かなくなった。今時のサヨクは、よく分からないカタカナ言葉と、「反〇〇」というスローガンを与えさえすれば、脊髄反射的にＲＴするような輩ばかりになってしまったのかもしれない。

〝ピケティ・ブーム〟今何処

カタカナ言葉が好きなサヨクということで、一つ思い出したことがある。何年か前に、ラディカルな新左翼運動から環境問題中心の市民運動へと衣替えした、ある団体の機関紙に、リチャード・ローティの文化批判を紹介する文章を寄稿したことがある――ローティがどういう人であるか紹介する参考書は何冊もあるので、知らない人は適当に読んで欲しい。そうしたら、その団体の元活動家の男が、「仲正氏は、新自由主義によるグローバリゼーションの元凶を持ちあげている」、というかなり見当外れの批判を始めた。ローティがどういう人物か知っている人なら、これが物凄い見当外れであることはすぐ分かるはずだ。多分、ハイエクかミルトン・フリードマンと混同したのだろうが、そんなに似ている名前でもないのに、どうして間違えたのかかなり不可解だった。西欧人の名前は全部同じ様に聞こえるのかもしれない。更に言えば、仮にハイエクとかフリードマンと勘違いしたとしても、たかが経済学者の思想的誘導だけで、グローバリゼーションが始まったりするわけはない。ＳＦに出て来そうな、世界を支配する大資本家とイデオローグの秘密会議のようなものがあるとでも思っているのだろうか？

ツイッター上で「ピケティ氏正論です。これだけで、日本再生！」、といった無意味なフレーズをしつこくＲＴしているのは、この類の輩であろう。ピケティ・ブームを通して、〝経済論客〟ぶっているバカがどんどんあぶり出されているように思われる。

◆補足

山形、稲葉、飯田やその信者たちは、ピケティ・ブームの意味を真剣に受け止めていないと言って、私をさんざん個人攻撃したが、2015年の後半になると、論壇の関心はあっと言う間に安保法制に移り、ピケティのことはほぼ忘れ去られてしまった。2016年に入ると、書店でピケティ関係の書籍は見かけなくなった。山形等は、今でも一過性のブームではなかったと主張するのだろうか。それとも、私を含む反ピケティ勢力がブームを潰してしまった、とでも言うのだろうか。

自分の興味がないことは無駄だと決めつける〝読者〟

二〇一五年五月三日

これまで繰り返し述べてきたように、業界でそれなりに知られた著述家の名前を見つけてきては、ネット上で言いがかりをつけ、誹謗中傷するような輩の大半は二重の誤読バカと言っていい。

二重だというのは、アーレントとかピケティ等のビッグ・ネームの思想や理論を自分なりに単純化して〝理解〟し、自分の解釈と違っていそうなことを、私が言ったとすると、すぐに「仲正は△△の思想の本質が◇◇だと言うことが分かっていない偽学者だ！」と騒ぐというのが一つ、そもそも「△△の思想の本質が◇◇だ」という前提から間違って解釈し、仲正がそれに反することを言った、と難癖をつけるパターンである。

二重に間違っているので、間違いを正してやりたいと思ってもやりようがないのだが、本人たちは、仲正を論破したつもりになって勝利の雄たけびを上げることになる。

無論、その手の雄たけびに同調してRTし、「いいこと言っておられます！」などとツブヤクのは本人と同程度の知的レベルの、いつものお仲間数名に限定されるので、大した害はない。

厄介なのは、一見、△△も仲正も両方精読したふりをし、客観性を装いながら、堂々と誤読し、歪曲をやる輩である。俎上に乗せられる著者本人からしてみれば、「おまえ、どこを読んでいるんだ！　全部斜め読みしているんだろ！　私に何か恨みでもあるのか！」、と感じるような歪曲でも、長文の読者レビューのような形で書かれると、まだその本を読んでいない人には、まともな批評のように見えるかもしれない。長々と細かそうなことを書いているからといって信じてしまう奴は基本的にバカなので、そんなのは無視すればいいのかもしれないが、**そういうレビューによって、私が「肝心のことが分かっていない間抜け」であるかのような印象が、広く薄くじわじわと拡散していくのはやはり不快である。**その典型として最近目についたのが、二月末に刊行された拙著『プラグマティズム入門講義』（作品社）に対する、「古本屋Ａ」と称する人物によるアマゾン・レビューである。

腹立たしい〝ド素人の上から目線〟

この人物はこれまでにも何度か私の本に対して、浅いとか、不満が残るとか、「○○を論じ切れていない」式の上から目線のコメントをしている。**そんなに浅いのなら、もう二度と読んだふりをしないでほしいものだが、結構しつこい。**お笑い芸人に笑いを教え、相撲取りに相撲を教えたがる類のおっさんなのだろうが、人文系の本に関して――古本屋という本に詳しそうな職業を名乗って――それをやられると、それらの場合よりもさらに迷惑度が高い。お笑い芸人に笑いを教えたがる素人が、実際にお笑い芸人よりうまく笑いを取れる可能性は極めて低いこと、相撲取りに相撲を教えたがる素人が実際にプロに勝てる可能性はほぼゼロであることは、まともな人間にはすぐに分かることである。しかし、**哲学とか文芸批評の本は、何となく誰でも書けそうに見える——実際に自分で書いて、それを出版社に持ち込むと、そう簡単なことではないと分かるのだが——ので、単に偉そうなだけの素人のコメントを信じてしまう人が一定数いるようである。そう考えると憂鬱である。**

この古本屋Aという人物は、特定の著者に対して、自分なりのイメージを押し付けて、いろいろ憶測する傾向があるようだ。例えば、廣松渉の著作を読むと、そこに左翼同士の内ゲバの痕跡が見えて来るらしい。

古本屋Aの『プラグマティズム入門講義』に対するレビューは、全体で一三〇〇字ほどの字数があり、最初の方は割と謙虚で好意的な感じで書いているので、冷静に評価しているように見える。しかし、すぐに上から目線で難癖を付け始める。

「数年前からプラグマティズムが気に入ってあれこれ読み出したが、偶然なのか時代の趨勢なのか、日経新聞の文化欄に出てくるほど世間でも注目されていることを知った。機を見て敏に本書が出たので読んでみた。ヘルダーリン研究の偉業は圧倒されるが、社会思想で英米系にまで手を拡げる著者の多産性にはびっくりする。ただ本書は講義の書籍化だが、その変換処理がお手軽過ぎて、星3つ。取り上げられたジェイムズの本もデューイの本も、彼らの作品としてはかなりわかりやすい方なのに、ぶつぶつ区切って引用し注釈するものだから、却って読みずらくわかりにくい。ぶつぶつ区切った後の注釈は大半言わずもがなで、すこしうるさい。これが講義ならそうではなのだろうが。時々出てくる板書した内容が本書にも出てくるが、意味があるとは思えない。」

「変換処理がお手軽すぎる」、とはどういうことだろうか？　これだけだと意味不明だが、文章の続き具合からすると、「取り上げられたジェイムズの本もデューイの本も、彼らの作品としてはかなりわかりやすい方なのに、ぶつぶつ区切って引用し注釈するものだから、却って読みずらくわかりにくい」ということを指していると思えるが、自分が何を言っているのか分かっているのだろうか？　この人物は、古典の読み方を学校でちゃんと習わないまま、思い込みで古本屋商売をやっているのだろうか？

名著・古典を読みながら、注釈を加えて行く講義形式の本は、結構昔からたくさんある。では、どういう所に注釈を付けるのか？　**あまり人文書を読んだことがない素人――読書に関して素人などという言い方を使いたくないが、古本屋Ａのような、見当外れの玄人気どりは、素人扱いしてもいいだろう――なら、何を言っているのか皆目分からない難しい箇所について注釈を付けるものと思っているかもしれないが、それは思い込みである。**ハイデガーやデリダの難解な本のいかにも難しそうな箇所を注釈する場合もあるが、その逆に、表面的に読んで分かったつもりになりやすい箇所について、気をつけて読むよう促したり、何の変哲もない表現の時代背景や文脈について説明することもある。どちらがより重要か一概には言えない。

古本屋Ａが「ぶつぶつ区切って」とけなしている箇所で、私はいろいろな注釈をしている。ジェイムズの『プラグマティズム』の冒頭に掲げられているミルに対する献辞の意味や、同時代の英国観念論とどういう関係にあったのか、ジェイムズが言及しているライプニッツの楽観的な宇宙観とはどういうものか、チェスタトンとプラグマティズムの共通性、デューイのプラトン像は通常の哲学史のそれとどう違うのか、デューイの一見素朴な民主主義観は古典的な自由主義のそれとどう違うのか……それらは決して言わずもがなのことではない。仮に古本屋Aがそれらについて全て知っていたとしても、自分が知っているからといって、「言わずもがない」であるなどと言い放つのは不当である。それは本を読むことを愛する人間の態度ではない。

恐らく実際には、私の注釈の多くは、古本屋Aの知らないことだけれど、あまり関心の持てないどうでもいいことなのだろう。古本屋Aは、「本書では、分析哲学や科学との関係は一番言及が多いのだが、講義が一般向けということもあって著者独自の見解というより、巷間流布された見解が多くその点も物足りない気がした」、と言ってくさしているが、例えば、オストヴァルトの化学上の議論とプラグマティズムの関係など、それほど一般的に言われていないことも指摘している。また、後にデュエム＝クワイン・テーゼへと発展することになる、プラグマティズムとデュエムとの結び付きが、具体的にジェイムズのテクストのどの個所に見出せるか指摘することは決して無意味ではなかろう。デュエム＝クワイン・テーゼについて知っている人はさほど多くないだろうし、それが元祖プラグマティズムとどう関係していたかまで知っている人はかなり少ないだろう。古本屋Aはそういうことに関心がないので、「ああ、また聞いたような話だな」、と思い込んで読み飛ばしたに違いない。

古本屋Aは、私が主として扱った、ジェイムズの『プラグマティズム』とデューイの『哲学の改造』には解説がいらないと最初から決めていたようである――だったら、どうして解説の必要もない解説本をわざわざ読んで、著者をくさすんだ！

「デューイのほうは、なおこんな注釈が要らない。岩波文庫版はかなり分かりやすい。」

古本屋Aはこういう偉そうなことを言っているが、私は先に述べたように、表面的に読んだだけでは気付きにくいことについてコメントしているし、『哲学の改造』の訳でおかしなところ、誤解を招きかねないところを何点か指摘している。全体の理解に関わる重要なポイントも含まれている。古本屋Aは既にこの本を全て分かったつもりになっているので、それらを無視した、というより、自分が分かったはずのことについて、「いや、そういう理解ではダメだ」、と細かく指摘する私がウザイのである。古本屋Aは、昨年の八月に『哲学の改造』についてアマゾン・レビューを書いているが、そこで清水幾多郎・清水礼子親子による訳を、以下のようにベタぼめしている。

「20世紀の初頭の日本講演の記録を清水幾太郎親子が達意の名訳を編んだ。デューイの英語はとても難解でろくな翻訳はないが、講演記録とあってとても読みやすかったし、内容は現代の我々の普通の感覚に近く、社会活動でも今となってはこういう思考が普通になっているだけに、『哲学書』として読むと却って意外感があり新鮮である。」

分かりやすい訳によって、全て分かったつもりになっていた古本屋Aは、自分の理解をかき乱すような要因はなかったことにしたいのだ——この書き方からすると、清水幾太郎の崇拝者かもしれない。まったくもって、傲慢極まりない態度である。名著であれば、たとえ自分で理解したつもりになっても、他人の解説にも目を通して見ようという気にはならないのだろうか？　古本屋Aは何のために読書しているのか？　言うまでもなく、私は、自分では分かったつもりの古典に関する他の研究者の解説や入門書を結構頻繁に読んでいるし、多くのまともな人文系の研究者はそうしている。素人の古本屋Aにそんなことを要求するのは酷だと言う人もいるかもしれない。しかし、**私は古本屋Aが、一番肝心なことを分かっていないくせに、研究者に説教しようとする傲慢な態度を取っていることに腹を立てているのである。**彼は、レビューの中で私の本の内容と関係なく、中公の『世界の名著』で仕入れたプラグマティズムに関する自分の知識を披露しているが、多分、それがやりたくて、私の本をダシにしたのだろう。

一番根本的な問題として、古本屋Aの私に対する注文は矛盾している。

「ジェイムズなら『心理学の諸原理』、デューイなら『探求の論理』をもっと語らないとプラグマティズムとしては奥に入っていったきがしないし、ミードの言及が少なく、ジェイムズ〜ミードのＩとｍｅの関係、行動する自我としてのＩが面白いと思うのだがこの辺りも言及がなかった。（……）現代日本の思想史や現代ドイツ哲学についての著者の本も読んでいるが、どうも気が多いのか総花的で物足らない。」

ジェイムズやデューイの分厚い著作をもっと解説しろ、ミードも入れろ、と言っておきながら、その一方で、「総花的」で物足りないとはどういうことだろうか？　そんなにいろいろ入れたら、もっと「総花的」になるではないか。「総花的」という言葉の意味が分かっているのか？　以前、拙著『〈日本の思想〉講義――ネット時代に、丸山眞男を熟読する』（作品社）について、評論家の池田信夫が、「熟読と言いながら、『日本の思想』の解説に終始している。羊頭狗肉だ」、という正気を疑わざるを得ない〝批判コメント〟をしていた。池田も古本屋Aも、基本的国語力が中学生レベル以下だとしか思えない。

多分古本屋Aは、私の理解が浅い、やっつけ仕事をしていると言いたくて、そういう結論に持っていくため、適当に理由を並べただけなのだ。そのせいか、かなり読み飛ばしているようだ。ミードについて言及がないと言っているが、これは嘘である。さほど長くないが、ミードについても当然言及しているし、ブックガイドにも入れている。また、別の箇所でも、明らかに読み飛ばしていると分かる見当違いの批判をしている。

「極めて語学は堪能なようだから、ブラドレーなど翻訳のない英国の著作にもっと言及し（言及されているところもあり、おっと思うが表層で通り抜ける）、プラグマティズムとの関係を考察し、もっと極限してもいいから、突っ込んだ議論にしたほうが却って、プラグマティズムの全体像に迫れたかもしれない。」

ブラッドレーを含む英国観念論については、第一講と第二講でそれなりにスペースを取って解説している。「表層で通り抜けている」、という台詞を言いたかっただけなのかも知れない。そもそも、デュエム、オストヴァルト、ヘッケル、ライプニッツについての解説はいらない、うざいと言っている奴が、どうしてブラッドレーの解説だけ必要だなどと言うのか？　直前の『心理学の諸原理』や『探究の論理』、そしてミードも解説すべきだ、という言い分とも矛盾している。単なる思いつきで難癖を付けているとしか思えないのである。

また、西欧の思想史を研究している学者に対して、「極めて語学は堪能なようだから……」というのは失礼な物言いである。私と親しくしている人の中にも、お世辞のつもりで、こういう失礼な言い方をする人がいるので、ここで指摘しておきたいが、こういうのは、プロ野球の投手に対して、「変化球投げれるんですって！　すごいですね」、と言っているようなものである。外交官に、「えっ、ネイティヴが普通に話している英語を聞き取れるんですか。どうしてそんなことできるんですか！」、と言えば、侮辱だろう。そういう基本的な常識のない人間に、大学の教師は常識がないなどと言われると、本当に憂鬱になる。

〝クイズ脳〟で学者を語るな

もう一つあまり本質的でないが、気に障ることを指摘しておく。古本屋Aは、私が講義中の冗談を挿入していることが気にいらないらしく、以下のようにくさしている。

「随所にユーモアを交えた著者の皮肉や批判があるが、こちらも、著者の気にしているあたりが、やや年甲斐がない印象が多く、講義ならそうは感じなくても、文字にすると印象が異なるのだろう。挿入しないほうがよかった。」

こういうのは趣味の問題である。自分の趣味を絶対視して、押しつけるような言い分はおかしい。これらの挿入があった方が読みやすくていい、という読者も多い。そうでないと、同じ様な趣向の本を何冊も出せるはずがない。「やや年甲斐がない」というのは、どういうつもりだろう。古本屋Aには、何歳の人間はどういうような物言いをすべきだという明確な尺度があるようだが、「お前の常識を世間の常識であるかのように勘違いするな！」、と言いたい。古本屋Aのいくつかのレビューの内容や言葉遣いから推測すると、私よりも年が上、六十才以上の年寄に思えるが、いい年をして匿名で、偏見丸出しのコメントを書いて悦に入っているような奴が、よく他人に年寄の道を説く気になれるな、と思う。

更にもう一つ、ついでに言っておくと、「古本屋」と「予備校教師」には、やたらと人文系の学者と張り合おうとして、いろいろなことを言ってくる輩が多い。私も何度か迷惑を被った。当該の学者の学説とか、学問に対する基本姿勢とかを批判するのであれば、それなりに反論し甲斐もあるのだが、そういうことではなくて、「○○が□□を書いたのは何年か?」とか「▽▽が直接師事したのは■■か、それとも◆◆か」といった、クイズ的な知識の量を競ったり、その学者の著書に、その手のトリビアな情報が細かく記述されていないことをもって、その学者の無知の証拠にしようとしたりする――安倍首相の米議会スピーチに関する誹謗ツイートで騒ぎになった民主党のクイズ議員と同じような頭の構造に違いない。とにかく、自分たちの方が知識の量という点で頭がいいことを証明したいらしい。どういう人が学者としてすぐれているかについてははっきりした答えはない。私も正直分からない。ただ、少なくとも、クイズ脳・トリビア脳の人間が、学者に向いていないことだけは確かである。

法学部の傲慢　二〇一五年六月四日

私が法学部（類）に勤め始めてから既に十七年半経つ。専門科目の授業も担当し、他大学の法学研究者ともそれなりにお付き合いし、大分慣れてきたつもりになっているが、今でも時々、**法学部人間特有の偉そうな物言いにカチンと来ることがある。**以前にも述べたが、法学部には、法学は社会を動かす基本的な学問であり、他の学問とは格が違うと思い込んでいる奴が結構いる。心の中で思い込んでいるだけならいいが、特に必要もないのに、他学部出身者に対して法学の特殊（優越）性を説いて聞かせようとしたり、大して難しい話をしているわけでもないのに、「法学ではこういう時に、〇〇……という概念に基づいて考えまして……」と、いちいちもったいを付けたりするので、いらっとする。私は、自分の担当している政治思想史だけでなく、法哲学・法思想史などに関連した仕事もし、何冊か本を出しているが、法哲学者の中にはそれが気に入らず、私の悪口を言っている輩が何人かいるらしい――「らしい」というのは、あまり面と向かって言われたわけではないが、**「仲正が法哲学を辱めている」**と非難している連中が何人かいることをよく耳にするからである。面倒くさい連中である。

現在多くの大学でやっているように、金沢大学も初年次教育に力を入れている。私も初学者ゼミを担当している。ちょうど今、自分のゼミの学生のレポートを添削しているのだが、やっていてふと憂鬱になる瞬間がある。一年生の間は結構素直で、私にいろいろ質問し、アドバイスを求めてくるような学生が、法学の専門科目、特に民法、刑法、行政法などの授業を受けたあたりからだんだん傲慢になり、実定法科目を担当していない私のような教員をバカにし始めるのである。中には、あいつの授業は役に立たないのに、試験がやたらと難しいので、とったらダメだと言って回っているやつがいるらしい。法律相談室とか法友会などの法学系サークルの部屋を中心にその手の話が拡がっているようなのだが、そう言っている連中の半分以上は、私の授業に実際に出たことがない。私の初ゼミに出た時のおぼろげな記憶に基づいて、ドイツ語や政治思想史の授業もきついに違いないと思い込んで、必死に「仲正はダメ！」と連呼している奴もいるようだ。無論、私の初ゼミに出席している学生の全員がそういう無礼者になるわけではないが、時間をかけて指導をした学生の中から、ちょっと法学をかじっただけで、勘違いしたエリート意識を持ってしまう奴が出て来る可能性があると思うと、空しくなる。

あえてふれるほどのことではないかも知れないが……

最近、はてなブログで、どこの大学か分からないが、法学部の学部生を名乗る人物が、私の著作についてコメントしているのを目にした。「学部生の読書ノート――公法を中心に、気になった本について書きます」というタイトルのブログである。言及されているのは、二冊である。一冊は、作品社から出している『カール・シュミット入門講義』である。この本については嫌な思い出がある。一昨年、某私立大学の法学部生を名乗る人間が bookmeter でかなり侮辱的なコメントをしていたので、それに抗議する文章をこの『極北』に載せたところ、この〝学生〟に逆切れされ、彼と彼に肩入れする九大の大賀や中大の大杉などからひどい誹謗中傷を受けた（本書21頁～参照）。今回のブログ主も「法学部生」を名乗っているのでいやな予感がしたが、読んでみると、予想に反してかなり好意的に紹介し、推薦してくれていた。**法学部生にも素直な奴はいるんだな、と思いかけたのだが、最後のいかにも法学部生らしい一言にカチンと来てしまった。**

個人的には、『憲法論』の解説をして欲しかった点と、若干お値段が張る点が残念です……著者の専門からすると、法律学からみるシュミット像というのは、過大な要求なのかもしれませんが……

ひょっとすると本人は気付いていないかもしれないが、**「過大な要求」というのは、失礼な言い方である。相手の能力を低く見積もる表現だ。法学という〝高尚な学問〟について語るのは仲正には荷が重いと言っているように聞こえる。**この学生は、憲法や行政法の先生に向かって、民法や商法にも関連した質問をする際に、「先生のご専門ではないので、過大な要求かもしれませんが」、などと言うだろうか？　自分の大学の直接指導を受けている先生には失礼すぎて言えないことを、他大学の専門の違う教員に対しては平気で言えるとすれば、その教員をバカにしているということだ。「著者の専門は政治思想史なので、自らの専門の見地からシュミットを語ることに敢えて自己限定したのかもしれない」、というのが、失礼に当たらない穏当な表現である。そこまで慎重でなくても、せめて、「著者の専門外なので、ないものねだりかもしれない」、くらいの言い方にしておくべきだろう。

念のために、『憲法論』を本論中で本格的に取り上げなかった主な理由を言っておくと、『カール・シュミット入門講義』は、実際に受講者を前に行った連続講義を文字起こししたものだからである。分厚い本だと、解説し切れない。加えて私は、『憲法論』はシュミットの著作の中ではさほど難解なものではないし、全体的に見てそれほどオリジナリティがあるとも思っていない。憲法学者や法哲学者には、『憲法論』こそシュミットの著作中最も重要だと言う人がいるが、私はそうした見方に納得していない。シュミットの著作に対して、私にとっての重要度順位を付けると、一位が『政治神学』、二位が『政治的なものの概念』、三位が『大地のノモス』で、『憲法論』は四位から六位くらいである。決定的に重要と思っていないので、全体の構成のバランスを崩してまで、取り上げなかったまでである。別に法学について論じるのが恐れ多いと思ったわけではない。

『カール・シュミット入門講義』では、シュミットによる純粋法学や団体国家論など従来の法理論に対する批判や、ワイマール憲法における例外状態規定の解釈をめぐる問題など、法学的に細かい論点にも触れている。憲法学の教科書に載っている「制度的保障」論と、『政治神学』などに見られる「秩序」論の関係についても、簡単にではあるが触れている。法学の素養がある人がちゃんと読めば、私が法学を怖れ回避しているのでないことは分かるはずだ。主として、政治思想史の観点からシュミットを紹介する本なので、法学的な論点の扱いがやや少なくなっているだけである。

ついでに言っておくと、「私は仲正の能力を疑っている」などと言って、私をやたらにバカにしたがる、ネット上の〝法学徒たち〟は知らないようだが、私は医事法関係の裁判に少し関わって参与観察的な研究をしたことがあるし、戦後補償問題について論文を書いたこともある。これらの分野については、そうしたことに関心のない法学者よりずっと詳しい。そもそも、法学者や法律家には、自分が専門的に取り組んでいる領域以外のことになると、素人以下の見当外れなことを言ってしまう人が少なくない。大学で法学を学べば、法学の基礎知識や用語は覚えるだろうが、法的思考なるものを身につけられるとは限らない。「法律学」全体を代表して、見識のある発言をできるような人はそれほど多くない。「法律学からみるシュミット像」など、無意味である。意味があるとすれば、「ドイツ系の公法学から見たシュミット像」だろうが、そういう本や論文は既に結構ある。私が専門外に出しゃばってまで、それについて論じる必要があるとは思えない――少なくとも現時点では。

それでも気になる〝上から目線〟

シュミットの本に関して問題なのは、先ほどの一文だけであり、これだけだと、うっかり失礼な物言いをしただけのようにも見えるが、『今こそアーレントを読み直す』（講談社現代新書）に言及しているもう一つの記事にも、同じ様に失礼な表現がある。二度あると、意図的に私を見下しているのではないかと思えてくる。こちらは、主として私ではなく、立教大の川崎修氏の『ハンナ・アーレント』（講談社学術文庫）を取り上げた記事であり、私の本は比較の対象として引き合いに出されているだけなのだが、その引き合いの出し方が失礼である。

本書は、日本におけるハンナ・アーレント研究の第一人者である川崎修教授による、アーレントの入門書です。／元々は、現代思想の冒険者たちシリーズの1巻として一九九八年に出版されたものでしたが、二〇〇五年に現代思想の冒険者たちSelectとして新装版が出版され、二〇一四年に学術文庫入りしました。この経緯を見るだけでも、本書のすごさが分かります。／私が読んだのは、二〇〇五年の新装版ですが、文庫化にあたって大きな加筆修正はなさそうです。あと、新装版に比べて若干安くなっています。／アーレント入門書としては、他に仲正昌樹『今こそアーレントを読み直す』（講談社現代新書、二〇〇九年）がありますが、本格的にアーレントに触れるとなれば、本書以外の選択肢はないでしょう。そもそも、同じ土俵の本ではないですしね。

先ほどの『カール・シュミット入門講義』に関する記事で、私は単なる「著者」なのに、川崎氏は「教授」である。私も川崎氏も、法学部（類）の政治思想史担当教授であるが、この扱いの違いは何なのだろうか？　立教と金沢の格の違いか？　それとも、東大法学部の学卒助手出身の川崎氏と、同じ東大でも非法学部出身で、数年のブランクを経て、法学・政治学研究科でない大学院に入って、学術博士になった私との格の違いか？

呼称に関しては、単に川崎氏を特に尊敬しているだけで、私の方はどうでもよかったというだけのことかもしれないが、「同じ土俵の本ではないですしね」、というのは露骨に失礼な言い方である。「土俵」という言い方は、多くの場合、格の違い、あるいは、能力の違いなどを表わすために使われる。野球選手とサッカー選手では土俵が違うという場合は、単純に、やっていることが違うので比較するのは無理だという意味でしかないが、日本でプレーしているサッカー選手と、海外でプレーしている選手に関して、土俵が違うと言ったら、格の違いの話だろう。川崎先生をあれだけ持ちあげたあと、それとの対比で引き合いに出した同分野の研究者の仕事について、「土俵が違う」と言ったら、後者の意味にしかとれないではないか。憲法についての専門的な研究書を最近出したA先生と、憲法の教科書を最近出したB先生の二人が目の前にいたとして、「A先生の本は本当にすごいと思いました。B先生も最近教科書を出されましたが、土俵が違いますから……」、と言えるだろうか？平気で言えてしまうとすれば、常識感覚がかなり欠如している。

もしかすると、私の本は新書なので、学術文庫よりもより一般的な読者向けだ、という言わずもがなのことを言いたいだけだったのかもしれない。しかし、それだったら、バカにしているという印象を与えないよう、素朴に、「新書だということもあって、想定している読者が異なっているように思える」、とだけ述べればいい。

また、そういう言わずもがなのことを言いたいだけだとしても、私の本もちゃんと読み、ある程度アーレントの思想の全体像を掴んでから語るべきである。例えば、私の本の第四章では、川崎氏の本ではあまり扱われていない、後期の著作『精神の生活』と『カント政治哲学講義録』について、一般読者向けにやや崩した形ではあるがしつこく論じている。その章では、「観察者」とか「拡大された心性」など、やや専門的な概念についても、私なりの理解を示している。『革命について』を論じた第三章でも、アーレントの人格論に関して、必ずしもアーレント研究者の常識とは言えない見方を示している。そうしたことを分かったうえで、私の本は、本格的にアーレントを勉強したい人が読むものではないと断じているのだろうか？ 以前にも、この本について、私が砕けた文体で書いていることから、中身を理解しないまま早合点し、「浅い！」と決めつけた〝学生〟――これは都内の大手私大の経済学部生だったと思う――がいたが、今回の法学生にも、それと同じものを感じる。川崎氏の本に対する褒め方を見る限り、学術書の評価の仕方を心得ているとも思えない。

恐らく、本格的な学者である川崎修教授と、浅くて大衆向きの本を書く――法学部的ではない――仲正のような輩の違いが分かる自分をアピールしたい気持ちが働いて、私に対してぶしつけな表現を使ったのだろうが、そういうダシに使われるのは不快である。川崎氏を尊敬し、すごい学者だと思うのは本人の勝手だし、私をサブカルっぽい書き方をするセンセーとして多少イジルのもかまわない。しかし、両者を比較し、学者格付け的な話をしたいのなら、アンフェアにならないようしっかり調べ、文章をよく練って書くべきである――学者格付け的な話をするのは、かなり下品かつ無礼な行為なので、お上品な法学者になりたい人間は、そう取られかねない物言いは極力避けるべきである。

無論、私がこの『極北』の連載で例として取り上げて来た、いい年をしたおじさんなのに、口ぎたなく他人を罵倒することによって必死に目立とうとするあさましい自称保守主義者や自称経済論客――これらの連中は恐らく、まともな職業に就いたこともないのだろう――などに比べれば、この法学部生はかなりまともな人間であろうし、私に対してさほど悪意を抱いているわけではないとは思う。しかし、法学部特有の「上から目線」――少し前までちゃんとした日本語と認められていなかったこの言い回しはあまり好きではないが、「法学部」についてはぴったり当てはまるような気がする――を感じさせる表現を無造作に使っているのを見ると、単純な目立ちたがり連中に対するのとは別の種類の不快感を覚える。法学部（公法）の知的権威を後ろ盾にしているような書き方をすると、法学部をあまり知らない人には、信ぴょう性があるように見える。嫌味な感じがする。

多くの法学者は、学者になる前に、無作法な「上から目線」は表に出さず、慇懃無礼に振る舞うことを覚えるようだが、たまに露骨に無礼なまま、学者になってしまう輩もいる。あるいは、ちゃんとしたポジションを得た後で、何かの拍子に、傍若無人な言動をするようになる奴もいる――中大の大杉がどっちなのかは分からないが。こういうご時世になっても、「法学（部）はすごい！」という揺るぎない確信を抱くことができるのは、ある意味、すごい才能かもしれない。

訳が分かっていないのに、「ポモはダメ!」と言いたがる残念な人達　二〇一五年七月五日

自然科学における論争と違って、人文系の学問の論争はクリアに決着が付かないことが多い。簡単に言うと、自然科学系の多くの問題は、実験とか計算、事実の観察によって、決着をつけることができるが、人文系では、それに相当するものがない。心理学のように、組織上は文学部に属していても、実験や臨床研究に重きを置く分野もあるが、これは例外だろう。経済学や社会学など、社会科学の一部の分野には、統計的データによってそれなりの決着を付けることができる問題もある。文学、歴史、哲学といったいかにも人文的な分野の主要な問題は、具体的な証拠を持ち出して白黒つけることはできない。歴史学や、文学の文献学的研究では、具体的な史料が重視されるが、史料だけで決着が付くのは、誰がいつどこで生まれたとか、この文章の実際の作者は誰かといった、細かい事実関係に関する問題くらいである。そういうことだけで、歴史や文学の研究がなり立っていると思っている、まともな研究者やその予備軍はいないだろう――〝民間研究者〟のつもりで、大学に所属するプロに対して、歴史豆知識クイズのようなものを挑みたがる輩ならいるが。

「存在とは何か?」とか「人生に意味があるのか?」「道徳の源泉は何か?」といった抽象的な問題を様々な角度から論じる哲学は、人文系の分野の中でもっとも決着を付けにくい分野と言ってい

い。カントとヘーゲルでさえ、議論の枠組がかなり異なる。ハイデガーやレヴィナスの存在論と、英米系の分析哲学では、お互いに言葉が通じないことが多い──念のために言っておくが、英語VS独語というようなレベルの話ではない。にもかかわらず、時々、知ったかぶりして、**「○○論はもうとっくに終わったはずなのに。△△はまだ、○○論が有効だと思っているんだろうか。周回遅れ（笑）！」というような調子の文章をネット上に書き込んで、得意がっている輩をたまに見かける──「ドヤ顔」と言った方が分かりやすいのだろうが、私はこの関西っぽい下品な響きの言葉に抵抗感がある。**

「ポスト・モダン」とは何か

その手のからかいのターゲットになりやすいのが、「マルクス主義」と「ポストモダン」である。マルクス主義の場合、哲学というより、実践の思想という面が強く、かつマルクス主義者自身が実践と理論は一体だと主張してきたので、実践面での失敗や挫折──ソ連や北朝鮮の実態、左翼運動の自己解体と内ゲバ等──を〝根拠〟にして、その哲学としての有効性をも疑問に付すというのは、学問的に見れば飛躍だが、気持ちとしては分からないこともない。しかし、「ポストモダン系」と呼ばれる──あるいは、そう呼ばれていた──思想には、そうした分かりやすい実践との強い繋がりはない。ガタリやネグリ、後期デリダなどの研究をしている人たちは、左派的な立場から、思想と実践の繋がりを強調することがあるが、それは〝ポストモダン系〟の全般的な特徴ではないし、そうした〝ポストモダン左派〟的な人たちは、〝ポストモダン派〟と呼ばれることを嫌がる傾向がある。「ポストモダン」と名が付くものは、思想業界の人たち――あるいは、業界人ぶっている輩――からバカにされることが多い。しかしその割に、「ポストモダン」とは何なのかはっきり分かっている人はあまりいない。何となくカルソウに見える思想を、「ポモ」とレッテル貼りしたがる輩が多いが、この手の連中には、「カルイのはおまえのカボチャだ！」とでも言ってやるしかない。

明確な定義があるわけではないのだが、私の理解では、フランスで六〇年代に台頭した構造主義、及び、その成果を踏まえたうえで、限界を指摘し、乗り超えようとしたポスト構造主義の系譜を引く、哲学や評論の活動を指す。マルクス主義のように共通の信条や理論的前提があるわけではないが、

①理性的な自我を起点とする近代知への挑戦

②進歩史観の拒絶

③哲学、文化人類学、精神分析、文芸批評、記号学などにまたがる学際性

④ポスト工業化社会における新たな〝主体〟像の探究――

の四点くらいを、大凡の共通の特徴として挙げることができるだろう。

それほど明確な共通性ではないので、「ポストモダン」という呼称を使うのはおかしいと言う人がいる。素人だけでなく、哲学・思想史、文芸批評を専門としているはずの大学教員の中にも、玄人ぶって、そう言いたがる輩がいるが、私に言わせれば、特定の呼称を使うことそれ自体を問題にするのは、バカの証拠である。呼称というのは、何らかの対象や現象、傾向をうまく要約し、特徴付けるために使われるものである。その呼称によって名指されているはずのものが実在しないとか、

そのようなものを想定して議論をすると不都合が生じる、聞き手に誤解を与える、といった問題を指摘するのであれば、意味ある批判だが、漠然と、「そんな概念使うことに意味あるんですかねえ？」とか言って、批判したつもりになっているのは、ただのバカである。ポストモダンに限らず、唯物論、観念論、プラトン主義、形而上学、カント主義、ヘーゲル主義、ロマン主義、功利主義、新カント学派、マルクス主義、実存主義、プラグマティズム、分析哲学など、ある哲学・思想の傾向をまとめて名指す呼称は、何某かの曖昧さを含んでいる。どういう場面でその呼称を使ったら、どういう不具合が生じるのか指摘しないと、単なる言葉の趣味の話でしかない。

最低限押さえて置きたい「ポモ」の共通認識

「ポストモダン系」と呼ばれてしかるべき思想の系譜があることを一応認めたうえで、それを〝批判〟する人たちもいるが、その人たちの大半は、名称に拘る連中以上に見当外れである。その見当外れには三つくらいのパターンがある。

第一に、左翼や自称保守主義者たちによる、「ポストモダン思想は、資本主義や社会主義に替わるオルターナティヴを呈示することができなかった」、というタイプの〝批判〟がある。これは、〝ポストモダン〟が元々マルクス主義やリバタリアニズムなどと同様に、社会変革のための実践の思想であった、という前提での〝批判〟だが、先ほど述べたように、そういうことをやろうとしたのは、ポストモダン系と呼ばれる思想家の中の一部である。その一部の人たちも、資本主義に取って替わる新しい社会の構想のようなものを明示したわけではない。ポストモダン系と呼ばれる社会理論は、ポスト工業化の時代には、社会構成が多様化し、主体形成のモデルが不明確になっていることを指摘することが多いので、〝オルターナティヴ〟のような話には繋がりにくい。むしろ、マルクス主義にとっての共産主義社会のようなものを描くことが困難になったことを示唆するのが、「ポストモダン思想」である。「オルターナティヴを示すことができなかった」式のことを言っている人は、哲学・思想は、社会変革のための〝オルターナティヴ〟を示さないと価値がないと思い込んでいるのだろうが、そんなことを言うのであれば、「哲学」という名の下に大学で研究されているものは全て無価値である。更に言えば、そんな分かり切ったことを、偉そうな顔をしてほざいている人間の存在自体が無価値である。

第二に、〝ポストモダン系の連中〟はふまじめだとか、不勉強だ、場当たり的に適当なことばかり言っているなどと見なし、それをもって思想そのものまでも否定しようとする印象論がある。恐らく、浅田彰とか東浩紀、最近だと国分功一郎、千葉雅也などに憧れ、文芸批評家とかアニメ批評家になりたがっている連中、あるいは、既にそうした〝批評家〟になったつもりの連中を念頭に置いているのだろうが、何かのブームにのってスターになった人に憧れ、その真似をしたがるイタイ連中が出て来るのは、「ポストモダン系」に限った話ではない。実際、アーレントとかレヴィナスとかピケティとか小林秀雄とか上野千鶴子とか佐藤優とか古市憲寿の真似をしてデビューしたつもりになっている自称評論家は、ネット上に腐るほどいる。この手のバカで不愉快な信者、エピゴーネンが多いからといって、当人を責めるのは見当外れの極みだろう。

「ポストモダン系」に特有の問題があるとすれば、哲学を始めとする既存の知の体系の権威失墜・解体を肯定的に評価したり、浅田彰の「スキゾ・キッズ」論に象徴されるように、不安定な生き方を称揚するようかのような論調を広めたりしたので、勘違い人間を多少後押ししているということくらいだろう。しかし、それはあくまで、「多少の後押し」にすぎない。哲学者や評論家といった肩書が持つ意味が相対化したのは、社会の変化によるもので、ポストモダン系の思想家たちのせいではない。また、ポストモダン系の思想家の一部が、思想や評論のプロとアマの区別を相対化するようなことを言ったからといって、ネット上で勝手に〝思想家〟や〝評論家〟を名乗る人間が、ちゃんとした媒体に文章を発表し、職を得られる機会が増えるわけでも、多くの人から認められる保障が与えられるわけでもない。むしろ、そういう機会や保障などない、と言って、突き離してしまうのが、ポストモダン系の思想であろう。若手評論家養成プロジェクトのようなことをやっている、ポストモダン系論客もいるが、それで救われる人がいても、ごく少数なのは最初から分かり切っている。

いずれにしても、勘違いしているバカを生み出した元凶だといって、ドゥルーズ、フーコー、デリダ、リオタール、スピヴァックなどのテクストに価値がないかのように言うのはバカげている。彼らのテクストはあまりにも難解で、勘違いしているバカにも、その連中の大量発生に文句を言っている連中にも、理解できるものではない。〝元凶〟とされている思想家の主要なテクストを読みもせずに、「バカの教祖もバカに違いない」式の単純な連想で、文句を言うのは、バカの上塗りである。

第三に、「ポストモダン・ブーム」が終わり、「ポストモダンの〇〇」というような言い方があまりかっこいい響きをしなくなったことをもって、「ポストモダン」が何らかの論争に敗れて、失効してしまったかのように思い込んでしまうということがある。冒頭に述べたように、哲学の論争や学派の対立に、明確な勝ち負けなどない。一方の立場の支持者が増えてきて、他方が流行らなくなったら、何となく、前者が勝ったように見えるだけである。しかし、そういう意味での勝ち負けを問題にするのなら、プラトン、カント、ヘーゲル、ニーチェなどの哲学は何度も負けては、復活している。また、哲学者が他の哲学者の理論を受容する場合、そのまま受容するのではなく、自分なりの修正を加えているのが普通である。デリダとかドゥルーズの主張の一部に何らかの欠陥が見つかったとしても、それで彼らの理論全てが否定される、ということはまずない。

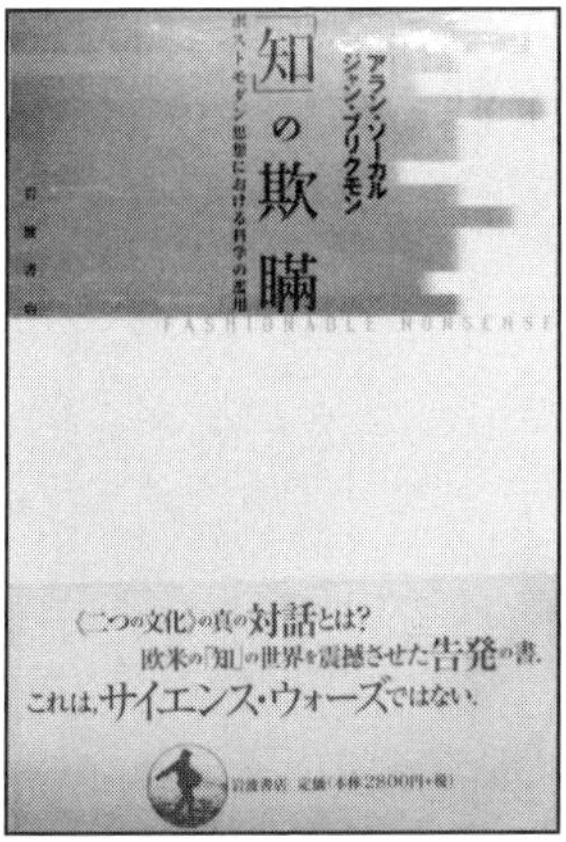

『「知」の欺瞞』
（2000年５月、岩波書店）

「ソーカル事件」

ポストモダン思想が〝敗れた〟と信じている人たちの多くは、「ソーカル事件」に言及する。ただし、ソーカル事件がどういうものだったかちゃんと理解している人は少ない。「何かすごい事件があって、ポモの欺瞞が暴露されたらしい」、という程度の幼稚な〝理解〟しかしていない輩が多い。この事件の概要をごく簡単に述べておくと、ポストモダン系の哲学者・評論家が、科学の専門用語を適当な比喩的意味で使っていることが多いことに快く思っていなかった？　物理学者のアラン・ソーカルがポストモダン系の知識人をからかうためのイタズラ論文を書こうと思い立ったことが、発端だ。ソーカルは、ポストモダン系の哲学者や社会学者の言説と量子力学の基本的考え方が相通じていることを明らかにすることを謳った、「境界を侵犯する――量子重量の変換的解釈学に向けて」といういかにもそれらしいタイトルの論文を書き、数学・自然科学系の専門用語らしきものを適当に並べたてた。それをポストモダン系の思想雑誌に投稿したところ、見事採用されてしまった、というものである。ソーカルたちは、これによってポストモダン系の学者たちの欺瞞が明らかになったとして、大体的に批判キャンペーンを繰り広げた。ポモ批判の人達は、このことを金科玉条のようにふりかざし、**「ポモ思想に未だにしがみついている仲正は、ソーカル事件で、その欺瞞が明らかにされたことを知らないのだろう。バカだね（笑）」**、とか言いたがる――念のために言っておくと、私はいろんなところでフーコーやデリダを参考にしているが、「ポモ」を信仰しているわけではない。

しかし、ソーカル事件は、哲学の根幹に関わる問題ではない。かなりトリビアルな話である。ソーカルに名指しされているラカン、ドゥルーズ、ボードリヤール、クリステヴァなどが、物理学や数学などの最新の研究成果に関して、科学哲学・メタ理論的な見地から論評する論文を書きながら、元になっている研究の基礎的な概念を間違って使っていたというのであれば、致命的だが、彼らは記号、主体、欲望、無意識などについて論ずる文脈で、自然科学の概念を比喩として借用しているだけであり、全体の論旨にはあまり影響しない。確かに、よく分からない分野から比喩表現を借りてくるのは軽率だが、著者の軽率さをもって、理論や主張を全て否定しようとするのは飛躍である。例えば、ホッブズが自然状態において「人は人に対して狼である」と述べていることや、ルソーが描く、孤独に生きる野生人のイメージは、動物生態学や人類学の見地から見て出鱈目もいいところだろうが、それをもって、彼らの社会理論を全否定しようとするのは、バカげている。ベルグソンの進化論理解がおかしいと言って、彼の哲学を似非科学だと言ったり、プラトンの対話編に神話が出て来るからといって、彼の哲学を迷信だと片付けるのは、ナンセンスである。彼らのテクストをちゃんと読めば、論の中心がそんなところにないのは明らかだからである。

一見単なる比喩に見えるものが、実は議論の本質に影響を与えているという指摘であれば、傾聴に値する――ポストモダン系の思想は、テクストの中での中心と周縁の関係の逆転のような問題に強い関心を寄せる。しかし、ソーカル事件に拘るような人たちは、そういう本質的な議論をするわけではない。ドゥルーズやボードリヤールの議論の本筋が見えないので、自然科学系の言葉の使い方のようなトリビアルなことにだけ眼が行ってしまうのであろう。理系の学者が、人文系の難しい論文を読むと、そういう反応をすることが多い。そうした理系学者の単純な反応に、知ったかぶりの自称評論家たちがのっかって、「ポモ」の悪口を言っているのである。心理学者や認知（脳）科学者であれば、認識論の問題と全く無関係とは言えないが、フッサールやメルロ＝ポンティの仕事が、現代の心理学や認知科学の成果と相いれないなどといって〝批判〟しようとするのであれば、見当外れである。フッサールやメルロ＝ポンティは、自分たちの研究の領域は、心理学のそれとどのように違うか繰り返し説明し、自らの立ち位置を明らかにしている。そういうことを知らない、あるいは読んでも理解しないまま〝批判〟するような理系学者は、ネット上のバカな目立ちたがり屋と大差ない。

ポストモダン思想を批判したいのなら、大いにやればいいと思うが、その前に、自分が何を批判しようとしているのかちゃんと理解すべきである。妄想で批判すれば、確実に自分自身がバカになっていくだけである。

ソーカル教にすがりついてしまう廃人たち

二〇一五年八月三日

前回、「ポストモダン」に対する過剰反応について書いたところ、意外なくらい大きな反響があった。一部には否定的な反応もあったが、その（否定的反応の）多くはいつものごとく、騒ぎに便乗して、多少名の知れた学者の悪口を言いたいだけの浅ましい輩であった。例えば、ポストモダン系の論客に対するありそうな悪口として、**「○○論はもうとっくに終わったはずなのに。△△はまだ、○○論が有効だと思っているんだろうか。周回遅れ（笑）！」**という架空の例を出しておいたところ、私が最近誰かからこれとそっくり同じことを言われて、その怒りを発散するためにあの文章を書いたと勝手に妄想して、その前提で私をからかっているつもりの輩が何人かいた。

この連中の何人かは、何カ月か前の『Newsweek』のピケティ特集への私の寄稿に関連して（本著92頁〜参照）、私が経済学の本を一切読んだことがないと妄想で決めつけた山形浩生に便乗して私の悪口を言って喜んでいた輩と重なっている。常習犯なのだろう。念のために言っておくと、私個人が〝ポストモダニスト〟としてひどく罵倒された経験は、これまであまりない。強いて言うと、今回が初めてだが、私を誹謗した連中は、〝ポストモダン〟かどうかなどどうでもよく、ただただ学者を罵倒したいだけの連中だから、過去にそういうことがあったかどうかなどどうでもいいのだろう。

イラだたせる正鵠を得ない〝批評〟

私がかねてからわずらわしいと思っていたのは、学者や知識人の文章、本のオビなどに、「ポストモダン」という言葉を見つけると、脊髄反射して何が話題になっているのかさえ分からないまま、「『ポストモダン』なんて終わったはずなのに。どうしてまだ、『ポストモダン』と言っているのだろうか？」、というような紋切型の台詞を言いたがる連中である。自分の人格が攻撃されているわけではなくても、何度も同じような台詞を聞かされると、イライラして来る。そういう連中は、デリダやドゥルーズの著作を――翻訳でもかまわない――読んだことも読もうとしたこともないか、読もうとしても難しすぎてすぐに挫折してコンプレックスになっているかのいずれかである。そういう連中が、誰かからの又聞きで、「ソーカル！」「ソーカル！」、と唱えているのを目にすると、余計にイライラする――〝ソーカル教〟については後述する。そうしたイライラさせられる問題について、私の思うところをまとめたのが、前回の文章（本書137頁参照）である。

あと、私の文章は「ポストモダン」あるいは「哲学」の魅力を伝えてないから駄文だとかわめいていた輩が何人かいたが、何を勘違いしているのだろうか？「ポストモダン」もしくは「哲学」を擁護しようとして書いた文章ではない。「哲学」や「思想史」において「ポストモダン」と呼ばれているものは、何らかの学派や教理ではなく、方法論でもない。フランスやアメリカに登場した一群の思想家のたちの間に共通に見られる一定の傾向にすぎない。にもかかわらず、「ポストモダン」

を、同じ理論もしくは教義を共有する教団であるかのように見なして批判する奴は勘違いしているし、「デリダはポストモダンではなく、○○だ」、などと妙な拘り方をする奴もおかしい。そう指摘したのである。その程度のことさえ分からないくらい国語力の低い人間を感動させるような文章を書くつもりはない。そういう連中を〝感動〟させるような文章を書くことは、学者にとっては、不名誉でしかない。はてなブックマークで、chousuke7というハンドルのネームの人物が、「仲正の文章力ヤバいwww」と、ふざけたコメントをしていた。論文とか文学的エッセイのようなものとして書いたわけではないので、「見事な文体」である必要は元々ないのだが、こいつの言っている「文章力」とは一体何なのだろう？　それほど自分の「文章力」に自信があるのなら、どこかの大手出版社に自分のすばらしい文章を売り込んで、ちゃんとした媒体で堂々と発表したらいいだろう。そうする勇気などなく、はてなブックマークの片隅でいじいじと他人の悪口を書き続けているくせに、「文章力」などとよく口に出来たものである。chousuke7の他の書き込みを見る限り、学歴コンプレックスと文章力コンプレックスがかなり強い人間のようである。

言語学者を名乗るdlitという人物が、この件に関連付けて、自分のブログで、「人文系、ホンモノの学問、基礎／応用、みたいな話（言語学の研究者から見て）」という文章を書いている。私を直接罵倒しているのではないが、プロの研究者にしては、かなり失礼な物言いをしている。例えば、冒頭で「ちなみに、上記の記事に対しても、これから自分が書くことに対しても、愚痴だから（ある程度）批判を免れられると考えているわけではない。」と書いている。自分の文章について、「愚痴だからといって批判を免れられると考えているわけではない」と言うのは勝手だが、他人の文章もそれと同じだ、と断定するのは失礼だろう。君は、私の親か先生か？

また、私が人文系の諸分野は、実験などで決着を付けることのできる理系と違って、はっきり真偽が確定できる事実だけで学問が成り立っているわけではないと述べたことについて、**「ただこのような意見からは、自然科学系の研究者がいかに『事実』を正確に捉えるかということについてどれだけ苦心し、どれだけの方法を確立しているかについての敬意が見られないことが多く、好きではない」**とコメントしているが、この言い方だと、私も、自然科学系の研究者をバカにしているように聞こえる。どういう人のどういうコメントを念頭に置いているのか分からないが、私の文章に関連付けて感想を述べているのであるから、誤解が生じないようちゃんと説明すべきだろう。

この人物は、ブログの文章を以下のように締めくくっている。

「なんとなく今回も『不要なケンカはやめよう』系の内容になってしまった。（…）時々全方位にケンカ売ってそれが面白い方向に転ぶという人もいないではないが、そういう人は少数で良いと思うし、少なくとも上記の記事はそういう役割は担いそうにないというのが私の感想である。」

この言い方は、明らかに私に対して喧嘩を売っているだろう（笑）！　別に学問論的な問題提起をしたいと気負って書いた文章ではないが、私の意図を勝手に忖度しておいて、「そんな役割を担えそうにありませんねえ」、という感じの感想を述べるのは失礼である。また、dlit の書き方だと、私が理系など、他分野の研究者にケンカを売っているかのように聞こえるが、これは明らかに誤解か、意図的なミスリードである。仮に、私がケンカを売っているとすれば、水戸黄門の印籠のように、「ソーカル!」「ソーカル!」と連呼したがる輩である。dlitは、科学基礎論のできる言語学者として自分を売り込みたくて焦っているのだろうか? それとも、自分の失礼さに気付かない鈍感人間なのだろうか?

『「知」の欺瞞』

ここからが本題である。今回ネガティヴな反応をした連中の何人かが、やはり「ソーカル!」「ソーカル!」と連呼していた。しかし、連呼するばかりで、ソーカルの何がすごいのか、中身をちゃんと説明しようとしている者はほとんどいない。この連中は、私がソーカルとベルギーの物理学者ブリクモンの共著『「知」の欺瞞』を知らないか、読んでいない、あるいは理解できていないと決めつけて、「『「知」の欺瞞』を読んでいたら、こんなまとめをできるはずがない。読んでこういう言い方をしているとしたら、修正主義だ!」、などとツイッターやはてなブックマークのコメントで騒いでいた。**hokuto-heiという人物** は、**わざわざ英語のタイトルを出して、「"Fashionable Nonsense"を読んでからもう一度考えてみようね。」と嫌味なコメントをしている。私が英語を読めないとでも思っているのだろうか?** ――学があるふりをしたいのであれば、フランス語版の方が先に出ているので、「《Impostures Intellectuelles》を読んでから〜」、と言うべきだろう。

バカの一つ覚えのように「ソーカル!」と叫んでいる連中は、私が前回の文章で、『「知」の欺瞞』に言及しなかったので、知らないか読んでいないと決めつけたのだろうが、私がこの本にわざわざ言及しなかったのは、ソーカル事件そのものを説明するのに必要ないからである。前回述べたように、ソーカル事件というのは、物理学者のソーカルが、「境界を侵犯すること Transgressing Boundaries」という、インチキ物理学の理論に、ポストモダン系の思想家たちからの引用をちりばめた、論文もどきを作成して、《Social Text》というアメリカの社会思想系の雑誌に投稿し、見事掲載させることに成功し、あとになってその内容が出鱈目だったことを自ら露呈し、それをめぐって一連の論争が起こった、というものである。

『「知」の欺瞞』は、その論争での批判を受けて、ソーカルの側から自らの意図を説明し、〝ポストモダン〟と名指された人たちは、自分(たち)の問題提起を本気で受けとめるべきだと主張する本である。ソーカルとしてはそういう態度を示すのは、ごく自然のことであろう。しかし、ソーカルたちが改めて自分たちの立場を表明する本を出したからといって、世間的に〝ポストモダン系〟と見なされている人全てが、恐れ入って反省しなければならないというわけではないはずだ。〝ポストモダン系〟と見なされている人の中で、数式のようなものが大好きで、(似非)物理学とか(似非)数学のようなものに魅せられ、自分の文章の中に、それらしき話を盛り込みたがる人はそれほど多くない。いても、本題とはずれたところで、ほんのちょっとアクセサリー的に言及しているだけ、という場合がほとんどである。そもそも、〝ポストモダン〟という名前の学派とか教団のようなものがあるわけではない。ソーカルが指摘している問題は、自分のやっていることとあまり関係ないと思う人が多いのは、当然だろう。しかし、どこかで『「知」の欺瞞』の解説文らしきものを読んだだけで分かったつもりになり、ソーカル教の信者と化している連中は、それをごまかしと決めつけ、「おまえらみんなインチキだ!」と叫びたがる。

大前提において勘違いしているとしか思えない。叫んでいる連中自身には何を言っても馬耳東風だろうが、ちゃんと人の話を聞くつもりのある人たち向けに、どういう勘違いなのか、何点かに分けて説明しておこう。

ソーカル読みのソーカル知らずの〝信者たち〟

まず、ハンドルネーム「無謬ぽよ(mubyuu)」などが使っている「修正主義」という言葉について考えてみよう。一体どういうつもりで、「修正主義」と言っているのだろうか? 「修正主義」という言葉はいろんな文脈で使われるが、基本的には、正統な見方が既に確立されていて、それを修正しようとする試みということのはずである。「無謬ぽよ」等にとっては、正統な見方が既に確立されているのだろうが、誰にとってどういう見方が確立されているのだろうか? ソーカル支持者たちにとっては、「ソーカルがポモと呼ばれる偽学者たちを完膚なきまで論破した」、という正統な見方が確立しているのだろうが、それは支持者たちが勝手にそう思っているだけのことである。少なくとも批判されているはずの人たちの大多数は、論破されたと思っていない。どこかの(ちゃんとした)学会で通説になっているとか、裁判所など法的に権威のある機関によって事実認定されているといったことでもない限り、正統な見方だとか修正主義だとか言ってもあまり意味はない。

ソーカル事件に関して確定的な事実は、ソーカルが〝論文〟を送った時の《Social Text》の編集者であるBruce RobbinsとAndrew Rossの二人が、物理学的な内容を専門家に見せるなどしてきちんと吟味することなく、掲載を決定してしまったことである。ただし、全く何も考えずに、物理学っぽい文章に魅せられて、載せてしまったという単純な話ではないようだ。この経緯については、当人たちによる説明をネット上で閲覧することができるので、ちゃんとした関心がある人は自分で調べてほしい。それに加えて、ソーカルが引用した何人かの〝ポストモダン系〟の思想家の論文に、物理学や数学に関する不正確な記述が何か所かある、ということも確定的な事実と言っていいだろう。ただし、そうした不正確な記述が、それらの思想家の論文の核心に関わることなのか、全体の論旨にあまり影響しない周辺的な記述にすぎないのかについては、ソーカルたちと、批判されている思想家や彼らに立場的に近い研究者の間には、かなり意見の相違があるはずだ。

『「知」の欺瞞』でソーカルとブリクモンは、ラカン、クリステヴァ、イリガライ、ラトゥール、ボードリヤール、ドゥルーズ、ガタリ、ヴィリリオなどの著作にどのような誤りがあるか指摘している。この本の大半は、そうした個別の指摘である。現代思想・哲学を知らない人が、この本の記述だけ見ると、ラカンやクリステヴァがインチキ数学やインチキ物理学の論文ばかり書いているという印象を受けるかもしれない。しかしそう即断する前に、日本語訳でいいから、批判の対象になっている論文がどういうテーマのものか確認すべきである。実物にあたらなくても、『「知」の欺瞞』の参考文献表に載っている元論文のタイトルを見ただけで、物理や数学をテーマにした論文ではないし、科学哲学や科学基礎論の論文でさえないことは一目瞭然である。不正確な数学っぽい記述が最も多いのは、ラカンであろうが、図書館などに入っているラカンの主要著作をめくってみれば、数学っぽい話がなかなか見つからないことだけは、すぐに分かるはずだ。無論、著作全体に占める分量が少ないからといって、数学・物理学っぽい記述が彼らの思想の核心とは関係ないと断定することはできないが、ソーカルに関する解説文を鵜呑みにして偉そうなことを言っている〝信者〟たちが思っているほど、簡単な話ではないのは確かである。ラカンやクリステヴァ、ドゥルーズ＝ガタリなどに関する解説書や研究書、批判的な読解を試みた論文などはたくさんあるが、その多くでは、数学っぽい話は重きを置かれていないか、端的に無視されている——別にソーカルに影響されて無視しているわけではない。自然科学っぽい記述は、彼らのテクストを読むうえであまり重要でないと思われているからである。精神分析家でもあるラカンやガタリについては、精神医学や心理学の方面からの批判もあるだろうが、それはソーカルたちの批判とは関係ないだろう。

ソーカルたちは、ラカンやクリステヴァ、ドゥルーズと並べて、科学社会学者であるブルーノ・ラトゥールを批判の槍玉にあげているが、ラトゥールを、〝ポストモダン〟という同じくくりに入れることとは、フランス系の現代哲学や文芸批評を研究している人にはかなり違和感があるはずである。ラトゥールがドゥルーズなどから影響を受けているとしても、一般に〝ポストモダン系〟とされているフランスの著名な思想家で、「科学社会学」という領域に積極的にコミットしている人はあまりいない。フーコーの「エピステーメー」論が多少関係あるかもしれないが、フーコーを科学社会学者だと思う人はほとんどいないだろう。『「知」の欺瞞』の第四章「第一の間奏」で、ラトゥールの他、ファイアーアーベント、デイヴィド・ブルアなど、ラディカルな科学社会学者に対する批判が展開されている――にわかソーカル信者たちが、ソーカルは社会構築主義や相対主義を批判しようとしたのだと分かったような顔をして言っているのは、この章の議論の孫引きだろう。ファイアーアーベントやラトゥールは、科学についてのメタ理論を展開するプロであるはずなので、数学や物理学に関する彼らの基礎知識の間違いを正すのは正当だが、それと、精神分析や記号学、消費社会学、文芸批評などの領域を主たるフィールドにしているラカンやクリステヴァなどに対する批判を一括りにしてしまうのは奇妙である。恐らく、ラカンやクリステヴァが科学哲学や科学社会学を積極的に展開しているわけではないことは明らかであり、彼らだけをターゲットにしていると、些細なことでしつこく批判しているという印象を持たれがちなので、ラトゥールやファイアーアーベントを中間項として入れてきたのだろうが、彼らとラカンたちが思想的にどういう関係にあるのか、ソーカルたちは明確に述べていない。科学を相対主義的に扱っているように見える点が似ていることを示唆しているだけである。ソーカルたち自身は、少々無理のある十把ひとからげをやっていることは自覚しているように思えるが、信者たちはそこが理解できていないようである。文脈を理解する能力がないのだろう。

更に言えば、ソーカルは「境界を侵犯すること」の中で、フリチョフ・カプラやシェルドレイクなど疑似科学的な議論で評判の悪いニューサイエンスの旗手たちの名前を挙げ、彼らがあたかもラカンなどの〝ポストモダニズム〟と関係しているかのように印象操作をしているが、『「知」の欺瞞』の方ではさすがに、彼らのことを本格的に取り上げてはいない。無理に結び付ければ、怪しそうなものすべてに〝ポストモダン〟のレッテルを貼っているだけだと思われかねないから、少し慎重になったのだろう。しかし日本の信者たちは、そういう微妙な駆け引きが分かっていないようである。

私の文章に対して、ツイッター上で「噴飯!」などと豪語していたハンドル名「ublftbo」という人物が、自分のブログに「ポストモダンにおける、自然科学概念を用いた比喩、の意義とは」という文章を書き、そこに『「知」の欺瞞』の一章の一部をコピペして紹介している——これを読むと、この人物が、批判されている側の元のテクストはほとんど読んでいないか、そのテーマが何かさえ理解していないらしいことが伺える。その文章に対して、こいつのお友達らしい「甕星亭主人」という人物が、**「焚けよ坑めよ、と迄は云わんでもうんざりする話。おまいら、ゲーデル判って引き合いに出してるんか、と数学史家が憤慨してる文章を何処かで読んだな。根本原理を把み従って森羅万象を解き明かせるんだ、と引き札口コミ全面展開する教祖様の如く、権威として振舞い度いが為に……」という調子の、到底常人とは思えないコメントをしている。**この錯乱の極みのような文章は、「タオ物理学なる妄想解釈が、其れで何か新しい事が解明出来たんか? と罵られて霜の様に霧散した先例も有ったな。」、と締めくくられているが、この連中は、カプラとラカンやデリダが思想的に同系列だと信じているのだろうか。そう信じているとしたら、話にならない。

〝ポスト・モダン学〟は存在しない

繰り返し述べてきたように、〝ポストモダン〟というのは単なる思想的傾向であって、学派でも教団でもない。統一された学会のようなものを作っているわけでもない。また、《Social Text》は、〝ポストモダン〟を代表する学術雑誌のようなものではない。《Social Text》のＨＰなどを見れば分かるように、ポストモダン系のテーマも取り上げる新左翼的傾向の強い雑誌である。ラカンやデリダを研究している哲学者や文学者で、この雑誌が〝ポストモダン〟を代表する権威ある雑誌だと思っている人はまずいないだろう。だから、この雑誌の（研究者でもある）編集者たちが、ソーカルに一杯喰わされたからといって、それほど大したことだとは思わないのだが、学者ごっこをしたいソーカル信者たちにはその最も基本的なことが分かっていないようである。

shinzor という人物のブログ「shinzor の日記」に掲載されている「ソーカル事件が提起したもの――訳が分かっていないのは誰か?」という偉そうなタイトルの文章が、その最たるものである。この人物は、私の主張を簡単に要約したうえで、以下のように述べている。

「ソーカル事件とは、ジャーゴンだけで、内容の無い偽論文を投稿したら、採用されたというものです。これが意味するところは、内容が審査されていなかったという、審査体制の問題です。内容があればこけ威しのジャーゴンは余計な修飾として無視すれば済みます。ところが、内容が無くても評価されたという大問題なのです。裸の王様がファッショナブルと評価されたのです。ここから示唆されるのは、他のポストモダン思想も内容の無い裸の王様ではないかという疑いです。」

《Social Text》の審査体制が整っていなかったということであれば、その通りだが、いきなり「他のポストモダン思想も……」というのは飛躍である。〝ポストモダン〟という学派がある訳ではないし、先に述べたように、《Social Text》は、別に〝ポストモダン〟の代表的な学術媒体ではない。ここまではまだ許容範囲だが、この後がかなりひどい。

「その疑いを晴らすにはどうしたらよいかといえば、きちんと内容を評価して示せば良いわけです。ところが、それが出来ないのです。なぜなら自然科学のような評価基準が無いからです。(……) 評価を決着させる基準がないので、何でも有り状態になっているということです。ひょっとしたら、内容のある素晴らしい論があるのかも知れませんが、それは客観的に誰にも分からないのです。別に、自然科学のような評価基準である必要はありません。面白いと思う人が多いと言う人気投票だってよいのです。文学の評価はそれに近いと思います。でも、それすらないのがポストモダン思想界だということではないでしょうか。そして、それが重要な問題だと認識もされていないということだと思います。」

文学のように人気投票でよい、というのは正気で言っているのだろうか？　文学作品と、文学についての研究論文を混同しているうえ、文学作品の評価の組みもよく分かっていないようである。この人物は学者のような物言いをしているが、自分で論文を書いたことなど一度も無いと見た。理系学者で、文系の学問に関して荒唐無稽な批判をする人がたまにいるが、その域を遥かに超えている。ソーカル教の信者の多くは、これと同じような勘違いをしいているのだろう。

まず、はっきりさせておくべきことは、ポストモダン学なるものはないし、ポストモダン系の主要な思想家・批評家・研究者たちのほとんどは、そういうものを作ろうとも思ってないことである。そういう言い方をすると、慌て者が、「ポストモダンの人にはちゃんとした専門がないんだ。やっぱり偽学者だ」と即断しそうだが、それが勘違いである。ポストモダン系と見なされている学者で、ちゃんとした業績がある人にはそれぞれ、フランス文学、比較文学、英文学、国（日本）文学、（狭義の）哲学、倫理学、美学、社会学、文化人類学などの専門分野があり、専門ごとの方法論に適合した修士論文や博士論文を書いている。東大の相関社会科学や表象文化論のように、新しくできた学際的分野もあるが、そういうところでも、学位論文の全体像を構想し、指導教官の許可を得たうえで、中間発表などを経て、学位審査に至るまでの手順は決まっている——別に、これらの分野全体がポストモダン系だと言うつもりはないので、慌て者は勘違いしないように。それを信頼するかどうかは別として、評価システムは分野ごとにあるのである。文系の諸分野の中には、理系のような厳密な査読システムが発達していないところもあるが、全くない訳ではない。なので、就職などのために必要があれば、関連する学会や研究会の査読付き雑誌に投稿する。私個人は博士論文を書きあげた前後に、独文学会や日伊協会などの査読付き雑誌に投稿し、（ポストモダン系と見なすことができないわけでもない）論文を掲載してもらっている。ドイツのＤａＦ関係の雑誌に、共著論文を投稿して、採用されたこともある。多くの人は、同じようなことをやっているはずである。

〝ポストモダン系〟と特徴付けられる研究は、前回述べたように、学際的な性格のものが多いので、どこか特定の専門分野にきっちり収まらないことが多い。それでも、今述べたように、自分が取り組んでいるテーマに一番近い分野の学会・研究会に属して、業績を作ることができるし、関心が近い人が集まって新分野を立ち上げることもある。その新分野がちゃんと定着するかどうかは、何年か経ってみないと分からない。そういうことは基本的に理系と同じである。〝ポストモダン〟という括りは、あまりにも大きすぎて、方法論を統一することが無理だと分かっているので、ポストモダン学会らしきものはできそうにないが、ちゃんとした研究能力を持っている人であれば、自分が活躍できる分野を見つけることができるので、そういう大風呂敷の学会は必要ないのである。

ソーカル信者の正体が見えてきた

もう一つの典型的な勘違いの例として、どこかの大学の学部生だという人物の「Skinerrian's blog」というブログに掲載されている「仲正氏のポストモダン擁護」という文章を挙げておこう。タイトルからして勘違いしている。この〝学生〟は私の文章の一部をそのままコピペした後で、次のように述べている。

「うーん、どうして挙証責任が批判者の方に押し付けられなければならないのかなぁ。ソーカルらが『知の欺瞞』で行った指摘が「全体の論旨にはあまり影響しない」ということをきちんと示さなければいけないのはポストモダン側の方であって、決して批判者の方ではない、と私は言いたい（＊1）」

この〝学生〟は大学で何を学んでいるのだろうか？ Skinnerianと名乗っている割に、肝心のことが分かっていない。何等かの紛争がある場合、挙証責任が批判される側にあるのは、批判される側がかなり特殊な立場にある場合に限られる。私はこの〝学生〟や偉そうなソーカル信者たちの〝先生〟ではないので、どういう場合がそれに当たるか親切に教えてやるつもりはない。自分自身で考えて分からないのなら、救いようがない。あと、この学生はこの文に付けた注（＊1）で、「これは『知の欺瞞』の序文でも書かれていたことだ」と述べているが、これは、ソーカル＝ブリクモン自身の言葉ではなく、彼らを擁護するブーヴレスのコメントであり、しかもここで問題になっている挙証責任というのは、個々の数学・物理学っぽい表現に理解可能な意味があるかどうかを読者に対して示す責任のことである。これは厳密な意味での挙証責任とは言えないが、趣旨として分からないではない。しかし、前回の文章で私が主張したのは、「一部の理論家が数学や物理学について誤ったことを言っているからといって、その理論家の議論の全て、延いては、〝ポストモダン〟すべてを否定するのは飛躍ではないか」、ということである。個々の数学・物理学っぽい表現の話をしているわけではない。挙証責任の話は別にしても、ラカンやクリステヴァのことを全く知らない、知ろうともしない人間に、それが全体の論旨にどれだけ影響するのか説明することなど不可能である。知るつもりがないのだから。先ほどのublftboと同様に、この〝学生〟も、ソーカル＝ブリクモンの記述だけで、クリステヴァの理論を全て分かったつもりになっている（注）ようなので、手のほどこしようがない。

最後にもう一度言っておく、ソーカルのいたずらの成果と、『「知」の欺瞞』の指摘だけで、〝ポストモダン〟と呼ばれる傾向に属するもの全てがダメだと断定するのは、とんでもない飛躍である。平気でそういう飛躍ができてしまうのは、学問とは何の縁もない人間である。STAP細胞事件で、分子生物学者や再生医療研究者の一部の杜撰さが露呈したからといって、全ての生物学者や医者に向かって、「おまえらもどうせインチキやっているんだろ。自分たちは潔白だというなら、俺にも分かるような証拠を示せ。挙証責任はおまえたちにある！」、と言っているようなものである。無論、ある特別な立場にあって特定の重要なプロジェクトを推進しようとしている人たちであれば、自分たちがSTAP細胞問題で杜撰さを露呈した人たちとは違うことを示すべきだろうが、そういう限定なしに、全ての生物学者や医者、延いては、全ての理系学者を同類扱いして本気で糾弾しようとするのであれば、狂人だろう。世の中には、そういう常識的な感覚を欠いているくせに、論客ぶってほえたがる輩が多いので本当に疲れる。ソーカル信者たちの多くは、学問に対するコンプレックスによって動かされているのであろう。**今回騒いでいた連中や、amazonレヴューで『「知」の欺瞞』を異様に持ち上げている連中のコメントを見ると、この連中が、難しい哲学系のテクストを読んで挫折し、その敗北感をごまかすために、全てを著者のせいにしたがっているのがよく分かる。「ソーカル」は彼らの救世主なのだろう。**

（注）この学生が原典に当たる努力をしていない間接的証拠を一つ挙げておく。彼は「（数学の）選択公理axiom of choiceを擁護

することは、妊娠中絶を認めること（pro choice）と関係している」と主張するポストモダニストがいるかのごとく書いているが、そのようなポストモダニストは実在しない。ソーカルのインチキ論文にそういうことを言っている人がいるかのような思わせぶりな記述があるだけである――インチキ論文の中の記述であることを忘れると、おかしなことになる。あと、『知の欺瞞』の方に、ある思想家の選択公理を不正確な理解で比ゆ的に使っているという批判が出ているが、これは中絶とは全く関係がない。恐らくポモはひどいことを言っているに違いないという思い込みから、この二つを勝手に合成して話を作ってしまったのだろう。

哲学や文学研究はカンタンだと思っている連中の大言壮語

二〇一五年八月三〇日

前々回、前回と、「ポストモダン（ポモ）」と呼ばれる思想傾向についてその実態をよく知らず、また、知ろうともしないまま、適当なことを言いたがる人たちのことを書いた。　すると、「ポモ」という言葉にパブロフの犬のように反応して、「お前はソーカル様の偉大な業績を否定するのか」、とステレオタイプに吠え立てる連中が何匹か登場した。偉そうなことを言う割にはこの連中は、ソーカルによって批判されている「ポモ」というのが、どういうことをテーマにしている知の営みであるのか全く分かっておらず、ソーカルの〝言い分〟——実際には、ソーカルの言い分そのままではなく、どこかのまとめサイトなどに載っている、ソーカルの主張の要約——をそのまま真に受けているだけのことである。**「ソーカル事件」は、ソーカルが「ポモ」系の学者をからかうべく、インチキ論文を投稿したことから始まったことだというのを念頭に置くと、そういうことをやる人間の言うことを全て真に受けていいか、疑問に思ってしかるべきだが、その程度の批判的思考さえ働かない連中が〝ポモ批判〟をやっているのである。**インチキ論文が投稿された《Social Text》というのは、「ポモ」のための準学会誌的な役割を果たしているわけではなく、たまに「ポモ」的なテーマの特集を組んでいただけの、マルクス主義系の雑誌だという最も基本的なことさえ分かっていないのだから、学問とは縁のない連中なのだろう――自分で論文らしいものを書いて、査読制度のある雑誌に投稿した経験のある人間なら、インチキ論文が掲載された〝ポモ雑誌〟がそもそもどういう性格のもので、それが「ポモ」とどういう関係にあるのか、知ろうとするはずである。

ポスト・モダン批判者たちの心根

この連中の言い分を見ていると、どうも「ポモ」がどうこうというより、哲学や文学（研究）のような人文系の学問は、方法論などないに等しく、思いつきでいい加減なことを言うことが許される偽科学だという先入観があるようである。前回例として取り上げた、shinzor という人物の、〝文学作品〟と文学研究を混同した戯言などはその最たる例である。吠えていた連中の中には、その他、「仲正は理系コンプレックスでポモを擁護している」と――ソーカルの主張の内で、確定的事実と見てよい部分と、争いの余地が大きい部分を分けて考えるべきだと指摘することが、どうして〝理系コンプレックス〟になるのか皆目理解できない――主張する者や、どういう思考回路によるのか分からないが、「こういう事件（＝ソーカル事件）があるのなら、国立大学で文系学部廃止論が出るのもやむを得ない」、と暴言を吐く者もいた。

こうしたことを平然と言い放つ人間にとっては、哲学や文学研究など、テクストの解釈や思考の筋道をつけることに主眼を置く〝学問〟は、もともと学問というほどのものではなく、単なる雑学や一般キョーヨー――「教養」とは本来どういうものかについては、明月堂書店から出している拙著『教養主義復権論』で論じた――にすぎないのだろう。哲学や文学研究を全般的に下に見ている人間、というより、複雑な長文を読んだり、込み入った関係を整理して理解することが苦手で、自分の頭にすっと入ってこないことは無価値だと決めつけてしまう病的な体質の持ち主が、そうした面倒くさいものの権化として「ポモ」を嫌っているということかもしれない。前回の文章で私は、ソーカルたちが『知の欺瞞』で描き出そうとしている「ポモ」のイメージにどういう問題があるのか、テクストの構成に即してやや細かく説明した。しかし、それを理解するつもりがないらしいlocust0138という人物が、「中身がないのに無駄に長い文章を書くのは学者としての適性に欠けると思う」、という中傷を、はてなブックマークに書き込んでいた。こいつには、自分の理解できないことを「中身がない」と決めつけて自分を守る習性があるのだろう。学者でもないくせに、どういう基準で「学者の適性」を判定しているのだろうか？　こいつは、偽科学論争のような話があるとすぐに首を突っ込んでは、一方の当事者を罵倒して、溜飲を下げたつもりになっているようである。典型的な学者コンプレックス人間なのだろう。

『教養主義復権論』
（明月堂書店、2009年）

　あと、中身とは関係なく、私の文章のタイトルだけ見て、私のことを「学者としては低級だと思う」、などとしつこく誹謗していたtakehiko-ihayashi（林岳彦）なる人物も同類だろう。こいつは一応職業的には学者らしいが、はてなブックマークでこそこそと他人の誹謗中傷をするような輩は、「人間として低級」である。というより、人間扱いする必要のない屑である。そもそも、私の文章に〝中身がない〟と思うのなら、どうしてわざわざ首を突っ込んでくるのだろうか？　何だかネット上で話題になっていそうなので、その話題の元になっている奴を一言罵倒してやって、自分に注目を集めようとする卑しい心根が見え見えである。こういうことを言うと、「テクストをしっかり分析すべきだと言いながら、おまえは、私たちのテクストを細かく分析しようとしないで、粗っぽく切り捨てているではないか。ブーメランだ！」、などとステレオタイプの反応をする蛆虫が湧いて出そうだが、**自分の身元や立場を明らかにしないまま、いきなり相手の人格を罵倒しようとする屑どもの〝文章もどき〟には、分析したり反論したりする価値などない。ネットに時々湧いて出る不快な害虫の例として言及しているだけである。**

こういう輩にとって、何となくカルイ感じがする「ポモ」は、哲学や文学研究の〝弱さ〟の象徴なのだろう。そういうナメ切った態度は、訳が分からないのに「ポモはダメ！」と言っている人々だけではなく、逆に「ポモ」に便乗して自己アピールしようとする、ネット上の自称哲学者、自称文芸・アニメ批評家や自称社会学者などにも共有されているように思える。東浩紀や千葉雅也などの「ポモ」系と目されている論客を叩くことで、自分こそ「真のポモだ」と間接的にアピールする人たちも同類であろう。

勉強不足は自己責任だろう

この手の人々は、近代的知を支えてきた基本的な前提が崩れつつあることを示唆したリオタールとかフーコーの議論や、デリダのキーワードとして通用している「脱構築」——多少デリダの意図に反する形で、「脱構築」を定義できないわけではないが、ちゃんと分かっている人間はあまりいないようである——という〝概念〟を、又聞きの又聞きくらいで仕入れてきて、それらからの連想から、「ポモ」には前提となる基礎知識など必要ない、「何でもありだ」、と思い込んでいるようである。基礎知識が必要ないので、自分のその都度の思いつきを、〝オリジナルな思想〟として堂々と主張してもいい、ということになる。無論、自分の〝オリジナリティ〟を主張するのは勝手だが、基本的な前提を踏まえた議論でないと、哲学や文学をちゃんと勉強したうえで、「ポモ」的な路線を取っている人たちから相手にされるはずはない。リオタール、ドゥルーズ、フーコー、デリダ、アガンベンなどは、哲学と文学・文芸批評、場合によっては、法学や文化人類学などの歴史を踏まえ、批判の対象である古典的テクストを細部にわたって徹底的に分析したうえで、従来絶対的と思われていた知の基準がいかに文脈依存的で不安定であるかを示すことを試みてきた。だからこそ、専門的な研究者から注目されるのである。〝哲学〟や〝文芸批評〟を漠然としたイメージとしてしか知らない無教養な人間が、適当に「絶対的な知などない」、と叫ぶのとは全く次元が異なる。

フーコーやデリダを参考にしながら哲学や文学の研究をしている者にとっては、そんなのは、当たり前のことなのだが、「ポモ」に便乗しようとする人は、その当たり前のことを受け入れたがらない。『声と現象』でのデリダの音声中心主義批判を論じようとすれば、フッサール現象学の概要とその発展史、そして記号論の基礎を抑えておかないといけない。『グラマトロジーについて』でのエクリチュール論を語ろうとするのであれば、ルソーの言語起源論の思想史的意義や、レヴィ＝ストロースの文化人類学に対するルソーの影響について知っておく必要がある。しかも、そうした基礎知識があっても、デリダは対象となるテクストをかなりひねくれた角度から解釈しているので、それなりに集中して読まないと何を言っているのかよく分からない。原文で読めることが大前提であるが、単にフランス語が読めるだけでは、ダメである。哲学や文芸批評に特有の言い回しに慣れていないといけない。そう考えると、かなりハードルは高い。こういう言わずもがなのことを言うと、自称「ポモ」系論客たちは、「それは学者の権威主義だ。あなたは、デリダの最も本質的な部分が分かっていない！」、とステレオタイプな脊髄反射をする。

こうした横着者たちが、ネット上で大手を振って「ポモ」ごっこをしているせいで、それを見ている文系的リテラシーが低い人たちが、「やはりポモはダメだ！」と短絡的に決めつける。自然科学や、法学・経済学などの実学的な社会科学の分野に関しても、学者になり損なった人間や訳知り顔のど素人がネット上で適当な議論をし、知らない人が惑わされ、専門家がそれに辟易させられるという現象はしょっちゅう起こっているはずだが、文系アレルギーの人たちは、哲学や文学研究には、専門家／素人の区別はないと思い込んでしまうようである。

それだけではない。学者としてのちゃんとした訓練を受けないまま「ポモ」ごっこに興じている人々のほとんどは、自分の文章を発表する活字媒体を見出せず、評論家として食っていけない。そうなると、今度は自分を受け入れてくれなかった「ポモ」に対して恨みを抱き始め、「ポモ」批判に回り、やたらにソーカル、ソーカルと言い始める。どういう実態があるのか知らないまま、「ポモはダメ！」「ポモはダメ！」、と唱える人間がどんどん増えていく。そうした安直な「ポモ」批判は、先に述べたように、哲学や文学研究をナメタ態度に由来することが多いのだが、哲学や文学の研究者の中にも、派手なパフォーマンスをやってやたらと目立っている（ように見える）「ポモ」的なものをよく知らないまま、食わず嫌いでゲテモノ扱いしたがる人たちがいる。その人たちが、自分たちにも悪影響が跳ね返って来る可能性があるとは考えないまま、「ポモはダメ！」の合唱に加わることがしばしばある。負のスパイラルはどんどん拡大していく。

「ポモはダメ！」という声は、「『ポモ』のようなものを許容する人文系の学問が、そもそもダメだからだ。大学のお荷物でしかない文系の学部は潰した方がいい！」、という声にカンタンにシフトする。有名大学の文学部で、哲学、文学、歴史学、社会学などのポストを持っている教員や、そのもとにいる院生たちは、**「いい加減なのは、『ポモ』的なことをやっている連中や、『国際●●学部』『文化□□学科』、『グローバル▽▽コース』などの四文字あるいはカタカナまじりの学部・学科であって、自分たちはちゃんとした伝統的な学問をやっている」**と言いたがる。しかし、はなっから〝難しい文章を読むこと〟や〝文脈を整理すること〟の価値が分からない人間にとっては、大した違いではない。にわかソーカル信者にとっては、カントもヘーゲルもフッサールもデリダも、自分たちには何がテーマなのかさえ分からない難解な文章を偉そうに延々と書き連ねる、〝偽学者〟にすぎないだろう。

文系的リテラシーへの無知が際立つ〝ポモ批判〟同調組

前々回（本書165頁参照）、文系の学問、特に文学や哲学の研究は、実験や観察をやる自然科学系の研究や、数式を扱う数学と違って、答えが確定しにくいと書いたが、それは、これらの分野には方法論がないとか、思いつきで適当な議論をしていいということではない——そう勘違いした輩が何匹かいたようだが。実験や観察のような手段によってクリアに答えを出すことができないということで言えば、法の解釈の学としての法学も基本的には同じである。法学の方法論がいい加減だと決めつける人間はあまりいないだろう。法学の場合、議会での立法や裁判所の判決があるので、学問外在的に答えが出てしまうわけだが、仮にそうした外的な要因が働かず、法解釈の学説同士の論争が続くのであれば、クリアに答えが出ることはまずありえない。しかし、法解釈学には、法律の読み方に関していろいろ細かい規則があり、それに基づく解釈でないと専門家の間で通用しない。そうした専門的な読み方を体系化する必要があるからこそ、法律家とは別に法学者が存在するのである。哲学や文学には、法学ほどの具体的な社会的ニーズはないが、そのことと、学問自体にちゃんとした方法論が備わっているかどうかは全く別問題である。

誤解が生じないよう念のために言っておくと、私は別に、自然科学の実験や観察で絶対的に正しい答えが出るなどと信じているわけではない。どんな厳密な実験装置・計画もいろんな補助仮説のネットワークを前提に成り立っており、一つ一つの前提を疑い始めると、完全な証明など不可能になる。それは科学哲学で散々議論されている話であり、『知の欺瞞』でもラトゥール批判の箇所で話題になっている。また、STAP細胞問題を通して明らかになったように、ちゃんとした実験装置を持っていても不適切に使う人もいる。そういうことは大前提だが、「ポモ」をめぐる誤解の問題で、そういう話にまで入り込む必要はないので、便宜的に、実験や観察だと比較的クリアに答えが出る、と言っているだけである——理系コンプレックスで持ち上げているわけではない。

哲学や文学研究の対象となる古典的なテクストの読み方にもいろいろ細かい規則がある。例えば、私が大学で教えている（西欧）政治思想史という分野で言うと、〈civil society（市民社会）〉〈Volk（民衆＝民族＝人民）〉といった言葉は、時代や地域によってかなり意味が変遷している。ほぼ同時代の同じ国の思想家が同じ言葉を使っていても、意味がズレていることがあるし、わざと意味をズラしていることもある。そうした言葉の変化にその社会の価値観や世界観の変化が反映されているかもしれない。微妙な違いを読み取るには、いろんな関連するテクストを比較対照したうえ、それに関する先行研究を把握しておかないといけない。人文系の研究では、昔の学説よりも後の時代の学説の方が優れているとは限らないし、既に終わったと思われていた学説が、少し視点を替えて定式化し直すと、アクチュアルな問題の解決に有効であることが分かったりするので、まじめにやれば、先行研究の把握はかなり大変な作業になる。どのテーマを論じるのに、先ず何を読まないといけないか見当がつかないのは、素人である。無論、〝素人〟のまま修士論文だけは何とか書いて、研究者ズラをしている人間はいるが、そういう人間はどこの分野にもいるだろう。

文系の学問をナメテいる人間は、そんなの大して難しいことではなかろう、とタカをくくるかもしれないが、そう思うのだったら、例えば、ハイデガーが〈geistig〉と〈geistlich〉というよく似た、二つのドイツ語の形容詞をどのように使い分けているか、オリジナルなテクストに基づいてきちんと説明することを試みてみたらいいだろう。これは、ほぼ正解が決まっている問題である。ドイツ語の辞書を見ると、〈geistig〉と〈geistlich〉のそれぞれの意味が出ているが、それはあまり関係ない。従って、哲学を専門的に勉強していないネイティヴのドイツ人に聞いても、意味はない。デリダは、この〈geistig／geistlich〉の区別が、ハイデガーの「存在史」の変容とその政治的含意を理解するカギになると示唆する。このデリダのハイデガー解釈を正当化できるかどうかというのは、専門家でも意見の分かれるところであり、はっきりした答えは出ないだろう――この辺のことについては、いずれ解説書を出す予定である。

そういうことに関心を持つことなどできない、そんなことを学んでも何の役に立つのか分からないと思う人の方が多いだろう。そう感じる方がむしろ自然だ、と私も思う。しかし、自分が関心を持てないもの、何の役に立つのか直感的に分からないものは、無価値であると即断するのは傲慢であるし、そんなものにまともな方法論などあるはずがないと決めつけるのは、病的な思い込みである。

文系的なリテラシーの基本についてもう少し言いたいことはあるのだが、それは次回以降に取っておこう。

誤読狂人の初期症状　二〇一五年一〇月三日

私の勤めている金沢大学では、一年生向けに、レポートの書き方とかゼミでの報告の仕方、討論の仕方などを教える「初学者ゼミ」という授業をやっている。私も、これまで数回担当した。特にレポートについての指導をしていると、いくら何でも、高校である程度教育を受けているはずなので、これくらいは常識だろうと思っていることが、そうではなかったと分かって、ことらが唖然とさせられることがしばしばある。誰からも間違いを指摘されないまま、あるいは指摘されてもその意味を理解しないまま、大きくなったら、どうなるのだろうか、と感じる。私がこの『極北』で随時紹介している、誤読狂人たちの典型的な勘違いの原型のように見えるものが少なくない。無論、高校や大学で基本的なリテラシーを身に着けることのできなかった人の多くは、身の程をわきまえて大人しくしているのだろうが、自分が間違っているとは思わず、自分に納得できないことがあるのは相手が間違っているからだと思い込むことによって〝処理〟する癖のある、ふてぶてしい連中が、ネット上の誤読狂人になってしまうのだろう。

そんなに難しいことは求めていないハズが……

一年生になったばかりの学生がやりがちのミスのいくつを挙げておこう。最初のレポート課題を出す前に、いくつか注意すべきことを言っておく。

第一に、引用する時は、必ず引用元を明らかにすること、引用元を明らかにせず、ネット情報などを無断でコピペするのは剽窃であること。

第二に、wikipedia のような出所の明らかでないサイトの情報をそのまま信用するのではなく、元情報に当たること。この二点は最も重要なこととして強調する。

無論、実際提出されたレポートを見ると、いいつけを守っていないのが一目瞭然のものがある。文章を読まないでも、見た目だけでコピペだと分かってしまうような、間抜けなことをしている奴もいる――どうして読まないでも分かってしまうかは敢えて書かないが、かなり幼稚なミスである。また、第一のポイントは理解しても、第二のポイントは頭から抜け落ちたのか、wikipedia を引用元として表記する学生もいる。ひょっとすると、wikipedia から引用したと書くと、情報の出所を明らかにしたことになる、と思ってしまうのかもしれないが、だとすると、「出所を明らかにする」ということの意味を理解していないのだろう。

そういう勘違いをしないよう、wikipedia からの（直接）引用がダメな理由を学生たち自身に考えさせたうえで、誰が書いたのか分からない文章は信ぴょう性が低いので、そういうものをソースにしないよう指示することもある。そうすると、参考文献欄に、Takebunというハンドル・ネームと、その人物のＨＰアドレスを表記するような子が出て来る。「Takebunとは誰か?」、と聞くと、「分かりません。ＨＰにそう出ていました」、と大真面目の返事が返って来る。非常に疲れる。それで、今年から、ＨＰの情報で参考文献として信用していいのは、官公庁のＨＰに載っている公式の文章か、論文として学術的な媒体で公表されている専門分野の学者の（雑文とかブログ上の私的な文章ではなく）正式の論文、新聞の報道記事等に限る。運動団体の声明文のようなものも、当事者の見解として引用する場合には許容される。はてなキーワードなどは、ある出来事や概念の通俗的な理解を例示するために参照するのはいいが、学術 的文献と同列に扱ってはいけない、などと具体的に指示することにした。そこまで言うと、流石におかしな引用・参照はかなり減ったが、それでも、当該官公庁のＨＰから孫引きしている別のＨＰを参照元にしてしまったり、Ｗ大学のＳ学部の学生のネット上に公表されるゼミ報告のレジュメを参考文献として表記するといった、初歩的なミスをする子がいた。疲れる。因みに、そのＷ大生のレジュメで、参考文献として、wikipediaが挙げられていたのには、笑ってしまった。

念のために言っておくと、私は別に学会誌や紀要に載った学者の論文、官公庁情報を盲信しているわけではない。学者も役人も間違えることはある。しかし、それらは、一応その領域の専門家として社会的にオーソライズされているし、間違ったら間違ったで、誰あるいはどの部署によるどういうミスであったか、他の専門家が検証することがある程度可能である。匿名のネット情報については、そういう検証がほぼ不可能であり、ひどいデマであっても、誰も責任を取らない。学生が自分で検証するのは困難だが、自分で検証できるようになるまでは、社会的に権威付けられたものをとりあえず信用するという姿勢で行くしかないだろう。これは文系理系に関係なく、大学の教養（共通教育）課程で身に付けておくべき、最低限のリテラシーである。

いい年したおじさんやおばさんが社会派ぶって、ネット上で偉そうなことを言う時は、これぐらいのことは弁えておくべきだが、周知のように、そうでない人間が恐ろしく多い。安保法制などをめぐってネット上がお祭り状態になっている時に、ツイッターで回って来るデマ情報を、ソースも確かめずそのままRTして、情報ツーぶっている連中は、その最たる例だろう。自分の気に入らない発言をする論者に関する、何の根拠があるのか分からないネガティヴ情報ばかり集めてきて、「これが〇〇の正体だ！　ネットの集合知によって、〇〇の欺瞞が明らかになった！」、と吠えるような輩は、負のリテラシーの権化である。

資料の選び方と文献の真贋を読み解く訓練を怠らない

wikipediaについて補足的に説明しておくと、私はwikipediaを見るな、とは言っていない。ある有名人が何年にどこで生まれたとか、有名な事件が辿った経過の概要とか、一般常識になっている内容を確認するのには便利なので、そうした用途で積極的に活用すればいい。問題なのは、その事件の真相について（陰謀論的なものではなく）専門的な見地からの争いがあるケースや、学術的な内容に関する記述を鵜呑みにすることである。後者の場合には、ちゃんとした専門的な文献を読んでその記述の真偽を確認し、必要に応じで、どういう文献に当たったか参照や引用の形で示しておかねばならない。私は初ゼミでは必ずその旨を伝えることにしている。しかし、一年生だと、その区別が付かないことがあるようである。かなり怪しい――その分野についてちょっとかじっただけの素人によると思われる――〝学説〟を一般常識として真に受ける一方で、有名な事件が何年にどこで起こった、というようなことについていちいち、「wikipedia 参照」と断りを入れたりする。この区別を教えるのが結構大変である。無論、センスがいい子は、教えなくても最初から分かるようなのだが、機械的に処理していいトリビアルな情報と、学術的に論じる必要がある情報の区別がなかなか付かない子は結構いる。

wikipedia も項目によっては、専門家らしい人が根拠となる文献を「脚注」のところで詳しく示してくれていることがあるし、英語版やフランス語版では、フリーで読めるオリジナル・テクストが外部リンクされていることもあるので、そういうものを参考にしたらいい、ということは当然言っている。「脚注」で挙げられている文献が、一番信頼できるもの、適切なものとは限らないが、ほとんどはちゃんとした学術書や論文、公的機関の文書なので、大学一年生がレポートの文献として参照するには十分であろうし、その文献を手がかりにして、芋づる式に他のより適切な文献を探り出すこともできる。真面目にやろうとすると、結構根気のいる作業である。これについては、あまり誤解の生じる余地はないと思うのだが、何年か前に、「wikipedia の記述を鵜呑みにするのではなく、注に出ているソースを見なさい」と言ったら、「脚注」のところを丸ごとコピペしてきた学生がいた。これを笑えないくらいバカなことをやっている、いい年をしたブロガーやツイッタラーも結構いる。ソースを示したつもりで、ネタ元のサイトのアドレスを貼りつけてあるものの、そのサイトに掲載されている文章自体が孫引きだったり、ブログ主がどうやってその情報・認識に至ったのか、皆目不明というケースも多々ある。多分自分のネタ元のアドレスを書くだけで、「ソースを示した」ことになると思ってしまうのだろう。その次の段階の問題として、どのテーマだったら、どういう専門の人のどういう著作・論文を参照すべきか、ということがある。これは、それなりに高度な判断力が必要な問題である。修士以上の学生が書く（べき）学術的な論文であれば、分野ごとに読むべきもの、参照してもいいものがほぼ決まっているので、あまり迷うことはない。自分ではっきり判断できなければ、指導教員や先輩に教えてもらえる――ネット上ではしばしば、まともな指導教員や先輩に恵まれなかったのか、人に教えてもらうことを嫌がったのか分からないが、ちゃんとしたソースから引用・参照することができない院生崩れを見かける。

一年生のレポートだと、「原発と環境」とか「格差社会」「ヘイトスピーチと表現の自由」のような、その時々に話題になっているテーマについて、文献に当たったうえで自分の意見を述べなさい、というような大きなくくりの課題が出されることが多いので、かえって文献を絞りにくい。学者の書いたものに優先的に当たるとしても、誰を専門家と見なすべきか見極めるのが結構難しい。ポピュラーなテーマであるほど、その分野の専門家とは思えないけど、著名人ではある〝何でも社会学者〟や〝何でも哲学者〟のような人たちが、大手の出版社から適当な本を出している確率が高い。無論その手の本でも、自分の専門性を生かしながら、きちんとした議論をしているものもあるが、一年生がきちんと仕分けするのは、難しい。また、その分野の専門家だと言える人でも、格差とか安保のような論争ネタだと、客観性を捨てて——論壇系にブログでよく見かける——檄文のようなことを書くこともあるので、注意する必要がある。同じ本の中に、学問的に客観的記述と、感情的な檄文が混ざっていることもあるので、余計にややこしい。

そういうのを全て見分けるのは、一年生には無理だろう。三、四年生になって、専門の授業でレポート課題を提出しなければならなくなる段階で、どういうテーマに対してどういう文献を参照すべきか見当がつくようになっていればいいのだが、まじめに勉強していない人間は、そういう感覚が身に付かないままである。一般読者向けに面白おかしく書かれた本、新書のような一般読者向け入門書、専門的に勉強したい学生向けの入門書、体系的に記述された専門書、個別テーマに特化した専門書（論文）の区別が付いていないので、先行研究を参照すべきところで、入門書類からの簡単な引用ですませてしまったりする。あるいは、著名な学者や評論家たちの座談会とかシンポジウムの記録を本にしたものに見られる、放談とか冗談のような類を、ありがたがって引用したりする。

〝知ったかぶり〟は痛い目に遭う

文献の読み方を知らない人間は、自分が論じようとしている問題が、どういう分野のどういう研究テーマに属し、それについてどのような先行研究があるか分かっていないので、「経済成長と分配的正義」の関係とか、「デリダやクリステヴァの記号論と科学社会学における構築主義の関係」のような、高度に専門的なテーマについて論じることなどできないはずである。よく分かっていないのだったら黙っておけばいいものを、その自覚さえないまま、ネット上で流布している単純な言説、「ピケティの『21世紀の資本』によって従来の経済学の限界が明らかになった」とか「ソーカルによってポストモダンの欺瞞が白日の下に晒された」、などというようなものを真に受けて論客ごっこを始め、（自称経済評論家や自称サイエンスライター、自称社会学者等からの）出鱈目な引用もどきを散りばめた文章を、論文のつもりで書き散らし、自分と違う意見らしきものを述べている（ように見える人）を罵倒するようになる。ソーカル教の信者たちや、（一見それと対立する立場にあるように見える）自称社会学者のmerca論宅（＝社会学原論）のような連中が、ソーカル事件を偽科学論争の一種と勘違いをしたままでたらめな議論を展開できるのは、文献の性質を区分するための基礎的な訓練を欠いているからだろう。当然のことながら、私は専門的文献に関する細かい知識さえあればいい、と言いたいわけではない。基礎がないのに細かいことだけ知っているせいで、バランス感覚がなく、おかしな足揚げとりをする輩がいる。

その分野の専門家でも、入門書や解説書を書く時は、かなり簡略化した記述をすることがある。というより、そうすべきであろう。例えば、ロールズの「正義の二原理」を、福祉国家を正当化するための原理と見なすのは、専門的理解としては間違っており、専門的な研究書の多くではその点について結構細かく説明されているが、その違いを一般読者向けに説明しようとすると、かなりスペースを取られるので、ロールズに関する新書を書くとしたら、便宜的に、「正義の二原理は福祉国家を正当化する原理である」、と説明するのは許容範囲だろう。ましてや、政治思想史とか正義論に関する教科書で、ロールズに関する一章を任された執筆者が、そういう説明をするのは致し方のないことである。直接自分が説明しようとしているテーマでないことについて文脈上最低限の言及をしなければならない時には、更に大ざっぱにならざるを得ない。例えば、政治思想史系の教科書の中で、アーレントやサンデルの「公共性」概念について出来るだけ詳しく説明しようとすれば、彼らのアリストテレス理解にも言及せざるを得ない。しかし、アリストテレス自身の議論を正確に再現したうえで、そのどの部分をアーレントやサンデルがどう理解したかちゃんと説明し、その理解が正当なものかどうか著者自身の見解をきちんと述べようとすれば、かなりのページ数が必要になる。無理にそういうスペースを取ると、物凄くバランスが悪くなる。アーレントやサンデルのイメージする「アリストテレス」をそのまま受け入れたかのような記述、あるいは、それを更に著者なりの視点から簡略化したような記述をせざるを得ない。本当にアリストテレスについて知りたい読者であれば、アリストテレスにつ いての専門的解説書や、アリストテレス自身のテクストを読もうとするだろう。

自分で入門書・新書とか教科書を書いたことがある人、あるいは、そういうものをよく読んで勉強してきた人なら、その手の広い意味での簡略化が致し方ないことは、理解できるはずだが、本を読むうえでの基礎教養がないのに、何故か細かい知識だけある人間は、そうした事情が想像できない。だから、**本論とはあまり関係のない事項についての、簡略化された記述を見つけて、鬼の首を取ったような大騒ぎをする。「仲正は△△を理解していないことが明らかになった！　やはり偽学者だった！」という調子で。本当に疲れる。憂鬱である。**

こういう病気は、初期段階でちゃんと治しておいてほしいものである。

「アベ」をバカにするのが、「反・反知性主義」の実践だと思っている人たち　二〇一五年一一月四日

安保法制をめぐる政治的闘争は一段落した感じだが、反安保派の中には相変わらず、安倍政権を〝反知性主義〟と呼んで罵倒している連中がいる。本屋でも、依然として、「反知性主義」をタイトルやオビの文句にした本を見かける。安保法案に問題があると考える人が、政権の考え方を批判するのは当然だし、私も現政権を積極的に支持するつもりはない――この『極北』の連載で何度か言及したように、一部財界人や文科省の役人の適当な思い付きを政策として推進しようとしている現政権の安易さにはかなり腹が立っているが、政権を批判しているつもりの連中がそれ以上に愚かしいことを言うのが多いので、うんざりしている。政府を批判すること自体はいいのだが、何でもかんでも〝反知性主義〟というレッテルを貼って〝批判〟したつもりになるのは、自分の方こそバカだと証明しているようなものである。大学で政治思想史を教えている私としては、この手の安易な〝批判〟の蔓延は気になるところである。レッテル貼りによる罵倒を「批判」だと勘違いする学生が増えると、政治思想史の発展の意義をちゃんと教えることが難しくなる。反安保の〝反・反知性

主義〟のどういうところがおかしいか、何点かにわけて指摘しておこう。

曖昧過ぎる〝反知性主義〟の意味

第一に、「反知性主義」という概念の濫用ということがある。「反知性主義」という言葉を文字通りに取れば、「知性」に反対したり、危険視したりする思想・主義主張ということであろう。そういう立場を鮮明にした思想や運動の例は、歴史的に確かに存在する。アメリカの場合、知識が増すことによって救いから遠ざかる危険があることや、健全な人間は書物からの知識によって認識によってではなく、実地経験から形成されることを説いた説教師の活動がそれに当たるとされている。近年では、大学のアカデミズムにおける（リベラル系）教授たちの悪影響を糾弾するデイヴィッド・ホロウィッツ等の言説が、反知性主義の例と見なされているようである。もっと極端な形態として、文革時代の中国や、ポルポト政権時代のカンボジアでの知識人に対する迫害を挙げることができる。日本の現代史だと、国体明徴運動に呼応して、美濃部達吉や津田左右吉等の自由主義的な知識人に対する糾弾を主導した蓑田胸喜がその代表格と見なされている。

過剰な知識や論理、（現行の）大学教育一般の有害性を説き、社会を〝知性〟から救うための〝改革〟運動を推進する人たちを、「反知性主義者」と呼ぶのであれば、妥当である。しかし、日本の著名な保守論客のほとんどは、左翼・リベラル系の知識人の大学・学校教育やメディアでの悪影響の拡大を糾弾しても、知識を身に付けること自体が有害だとは主張していない。彼らの多くも大学で学び、大学や研究機関、メディアで活動する知識人であり、そのことを自覚しているからである。彼らは、誤った知識を持っている左翼知識人がアカデミズムやメディアを牛耳っていることを問題視し、自分たちが左翼に代わって〝正しい知識〟を伝える地位を占めればいい、と思っている。その意味で、反知性主義ではない。目立つのは大学の学位を持っていたり、メディアに専門家として登場する知識人一般を嫌悪するような発言をするのは、下品なハンドルネームを使って、ブログやツイッター、2ちゃんねるなどの掲示板で罵詈雑言を書きつらねているような連中である。

反安保運動に関わっている左派の中には、そうした一部の匿名のネットウヨクの――知識人に対するルサンチマンに満ちた――言動と、保守系論客のそれとが〝似ている〟という印象に基づいて、後者も「反知性主義」扱いしようとする人たちがいるが、これは不当な拡大解釈である。〝似ている〟のは、反リベラル・反サヨクの態度であって、「知性」それ自体への反感を共有しているわけではない。自らも知識人でありながら、反知性主義的な発言をしたがる保守論客もいるかもしれないが、それはごく少数だろう。自民党などの保守政治家や財界人の中に、東大を始めとする有名大学の文系学部における(彼らから見て)左翼な学者の言動をことあるごとに批判したがる人もいるが、彼らも、自分たちのお気に入りの学者の言動は支持するし、〝金になりそうな〟(主として理系の)学問は推進しようとする。「ウヨクのクズ思想や金儲けの学問にしか関心がないのは、反知性主義だ!」、と言いたい人もいるだろうが、それでは、「反知性主義」という概念を拡張しすぎである。自分のきらいな考え方や態度を、十把ひとからげに「愚か」と決めつけ、それを支持もしくは容認することを「反知性主義」とレッテル貼りする態度こそ、「反知性的」だろう。少なくとも、「知性」の前提となる、開かれた討論の余地を認めていない。こういうことを言うと、「自分と違う意見の人と議論するつもりがないのはウヨクの方だ。おまえは中立性を装って、ウヨクの味方をしている！」、とサヨク――私がカタカナで「サヨク」と呼ぶのは、どこかで聞いたようなステレオタイプな反応しかできないのに、自分では知的だと思っているアホのことである――の人たちがお決まりの〝反応〟をしそうだが、それは論点ずらしである。ウヨクだろうとサヨクだろうと、自分の気に入らない考え方は愚かだと最初から決めつけ、〝批判〟と称して相手をただただ罵倒し続けるのは、「知性」を軽んずる態度である。

〝反知性主義〟と〝権威主義〟の親和性

今回の反安保運動では、憲法調査会での三人の著名な憲法学者（早大の現役教授二人と慶応の名誉教授）の違憲発言がクローズアップされた。朝日新聞や東京新聞が、安保法制に関する憲法学者アンケートを実施し、その結果、かなり多くの憲法学者が違憲だと思っていることが明らかになった。それに勢いづいた反安保派の一部は、憲法学の専門家たちの意見を無視する現政権は、反知性主義だと断じるようになった。これも、「反知性主義」という言葉の濫用だし、私に言わせると、安易にこのような発言ができるメンタリティこそ危険である。現政権が、憲法学者たちの見解に従おうとしなかったのは、彼らなりの考え方に基づいて、安保法制は憲法解釈上問題ないという結論を出しているからである。安保法案の骨格を作った与党の幹部には法律家が含まれていたし、関連する省庁のスタッフも法律の素人ではない。彼らが、憲法学者たちの批判に真正面から答えようとしなかったという批判であれば、私もその通りだと思うが、別に与党や中央省庁の官僚が、憲法学有害説のようなものを流布しようとしたわけではない――保守系の雑誌でそれらしいことを言っていた保守論客はいたが、それを現政権の代弁と見なすのは、安易な決めつけだろう。政権与党や保守派は、安保法制を支持する少数派の憲法学者の意見は尊重するのだから、憲法学無用説を掲げているわけではなかろう。

東大・早稲田・慶応などの超有名教授や判例百選に執筆している司法試験でおなじみの学者たちが違憲だと言っているからといって、それに従うというのは、反・反知性主義ではなく、権威主義である。**権威主義というのは、自分で考えないで、誰か偉い人の言葉に盲従することであるから、表面的には反知性主義と対立しているようで、実は相互補完関係にある。考えることは人格的にすぐれた権威に任せて、下々は余計なことは考えずに、その権威の言いつけを身をもって実践すればいい、というような形でコラボすることができる。**言うまでもないが、内閣や国会の決定が違憲かどうかについて、法的効力のある決定を出す権限は、憲法学者にはない。

権威主義ではなく、憲法学者たちの意見に賛成だから、引き合いに出しているというのであれば、学者たちがどういう〝専門家ならではの緻密な論理〟によって安保法制を違憲だと判断したのか、自分でちゃんと理解したうえで説明する必要がある。しかし、憲法学者アンケートを行ったマスコミも、その結果を金科玉条のように引き合いに出す〝左派論客〟たちも、彼らの考え方のどこに専門家ならではの緻密さがあるのか示そうとしない。「現在の自衛隊でも違憲か合憲かぎりぎりなのに、日本の領土の外での、米軍と合同での自衛権行使はアウトでしょ！」、という程度の判断であれば、わざわざ専門家の意見を聴くまでもない。その程度の発言をするのに、いちいち専門家のご託宣に頼らなければならない人間は、かなり知的レベルが低いと言わざるを得ない。今回の安保法制以前の法制でも、日本の領土の外で自衛権が行使される可能性はあったし、日米安保条約の存在自体が集団的自衛権の行使と見ることもできる。アンケートで違憲と答えた憲法学者の多くは、自衛隊の存在自体が違憲と考えているようだが、反対派のマスコミや〝左派論客〟たちは、そのことをどう評価したうえで、安保法案は違憲だという彼らの見解を参照していたのか？　立憲主義を無視した安保法制は、安倍政権によるクーデターだと主張する憲法学者もいたが、彼を持ち上げていた人たちは、「クーデター」という言葉の意味をちゃんと理解しているのだろうか？

因みに、現在民法改正が論議されているし、何年か前に商法が大幅に改正されたが、マスコミがその分野の法学者アンアンケートを行ったという話は聞いたことがない。臓器移植法とか、民法の家族法の部分など、各人の生き方に関わる法律に関しても、その手のアンケートが行われ、その結果が大々的に取り上げられることはなかった。ＰＫＯ法案が審議された時も、憲法学者のアンケートなどなかった。どうして今回に限って、憲法学者のアンケートに特別な意味が付与されたのか？　そういう肝心なことを曖昧にしたまま、アンケートの結果だけ強調するのは、何も考えていない証拠だろう。

そもそも、「その道の専門家の圧倒的多数がダメだというのだから、ダメな法案に決まっている！」、というような物言いは、反安保・反権力・プロ民主主義——この場合の「プロ」はラテン語に由来する〈pro-〉という意味なので、無教養で慌て者のサヨク・ウヨクは早とちりしないように——の人たちの基本的スタンスと整合性があるのか？　東大・京大・一橋・早稲田の経済学の教授の大多数が、マルクス主義やネグリの帝国論のようなものは研究する価値がないとか、グローバルな再配分的正義など幻想だとか、規制緩和を更に進めるべきだ、日本の場合消費税は北欧より高い税率にする必要がある、老人福祉の予算は削減すべきだ……というような見解で一致したら、受け入れるのか？　教育心理学や教育社会学の研究者の間で、学力別クラス編成を推進すべきだ、というような意見が主流になったら、ごもっともです、と納得するのだろうか？　その領域の学者の多数が賛成すれば、絶対に正しい法案・政策であるというお墨付きを得たことになるというのであれば、あらゆる政党や運動団体はできるだけ多くの学者を取り込み、自分たちの息のかかった学者を学界的に出世させるべく様々な工作を展開するようになるだろう。そういう競争が本格化すれば、学問は政治の道具になり下がり、有力者の支持を得て、有名大学の教授ポストを取ったものが、学問における勝利者であるというような、おぞましいことになるだろう。

そうした権威主義の危険についてどう思うか改めて尋ねたら、安保反対派の中の比較的冷静な人は恐らく、「学者の見解の動向は付随的なことでしかない。肝心なのは、憲法に関わる重要な問題で、国民の多数が納得していない法案を強引に成立させるのは、民主主義に反しているということだ」、と答えるだろう。しかし、そう確信しているのなら、どういう専門知的な意義があるのかよく分からないのに、安易に憲法学者のアンケートの話など持ち出すべきではない。無論、世論の多数が「今国会での成立に反対」だからといって、政府のやり取り方は反民主主義的だと断じることはできない。代議制民主主義の原則に即して考えれば、一度政権を獲得した与党は、次の選挙までの間、国民の代表として国の基本的な政策を決定する権限を与えられている。その決定が、彼らを選んだ国民のもともとの意志とあまりにもかい離していたら、次の選挙で敗北し、決定は覆される。与党もそのリスクは織り込み済みで行動しているはずである。民主主義を軽視しているとは言い切れない――この点は、「反知性主義」とは直接関係ないので、これ以上深入りしないでおこう。

国会討論の「イヤな感じ」

反安保派の〝反知性主義批判〟の言説で最も稚拙だったのは、安倍首相を始めとする政権幹部が無知であり、憲法についても安保についてもちゃんと理解しているはずはないと決めつけ、彼らの発言や振る舞いをいちいちバカにするパターンのものである。安保法案と関係のない過去の言動とか経歴をバカにするものがかなり目立った。安保法案に本気で反対しているのであれば、安倍首相個人の教養とか学歴とか英語の発音とかは関係ないだろう。そういうことに妙に拘るサヨクを見ていると、こいつらは、権力者をバカにして憂さを晴らしたいだけではないのかと思えてくる。仮に安倍首相の頭がかなり悪くて、教科書的な基本知識を欠いているとしても、それと反知性主義は関係ないだろう。

民主党のクイズ議員は、安倍首相に、芦部、高橋、佐藤などの〈メジャーな憲法学者の〉名前を知っているかと質問し、「ぞんじあげません」、という答えを引き出して得意になっていたが、彼や彼にのっかって騒いでいた連中は、こんな受験のための暗記クイズのようなものが楽しいのだろうか？　首相よりも自分たちの方が賢いという優越感に浸りたいだけではないのか？

政治家は憲法についてよく勉強するにこしたことはないが、法学者ではないので、個々の憲法学者の学説や、教科書の書き方まで知っておく必要はない。芦部、高橋、佐藤の三人は戦後の代表的な憲法学者なので、法学部の学生なら授業で聞いて名前ぐらい知っている可能性は高いが、学者か法律家志望のまじめな学生でない限り、三人の学説の特徴まできちんと把握していないだろう。名前だけ知っていてもほとんど意味はない――自分は名前しか知らないくせに、得意になって安倍首相をバカにしていた幼稚な輩が結構いた。そもそも安保法制が違憲かどうか論じるのに、芦部、高橋、佐藤の三人の学説を知ることが不可欠なのだろうか？　もし不可欠だとすると、大学で憲法の授業を取ったことのない国民の大多数は、安保法制と憲法の関係について論じる資格はないことになる。法案を提出している主体である首相や閣僚、与党議員は、自分たちの提案していることの理論的・歴史的背景をちゃんと把握すべく努力する必要はあるが、自衛隊や日米安保条約と憲法の関係についてのこれまでの国会での論議と関連する主要な判決について大筋で理解し、それらに対する自分なりの見方を示すことができれば十分だろう。芦部・高橋の憲法の教科書を熟読しないと、首相として法案を提出する資格がないとは考えられない。本気でそう思っている人がいるとしたら、どうしてそういうことになるのか、ちゃんと論証すべきである。

更に言えば、「アベの譬えによる説明は下手すぎて理解できない。自分でも理解できていない出鱈目な理屈を語っているからに違いない」、というようなことをツブヤイている連中が結構いたが、そういう連中に限って、安保法案で改正されるのはどの法律のどの部分か、集団的自衛権はその内のどれに関係するのか、存立危機事態と重要影響事態はどういう関係にあるのか、集団的自衛権という概念は歴史的にどのように成立し発展してきたのか、ホルムズ海峡で想定される武力行使というのはどういうことか、個別的自衛権で自衛隊はどこまでの行動が可能か……といった基本的なことについて理解していない。そういう肝心なことを知らないまま、「集団的自衛権行使容認は立憲主義の破壊だ。憲法学者の多くがそう断言している」という世間で流布している言説を真に受け、「安倍の反知性主義によって九条が骨抜きにされ、日本は戦争する国になりつつある！」、と叫んでいた連中があまりにも多い。法案について基本的なことを知らない、知ろうともしない人間に対して、理解できるように説明することは、どんな説明の名人でも不可能である。大学で教えていると、自分から学ぼうとせず、授業中は別のことを考えたり、ぼうっとしたりしているくせに、「俺が理解できないのは、仲正がダメだからだ」、などとツブヤキたがる、ふてぶてしい〝学生〟に出くわし、腹が立つことがしばしばあるが、反安保の連中の「俺たちに安保法案の趣旨が分からないのはアベのせい」という態度には、それと同じものを感じる。

まずは自分のアタマのハエを追ってからにしてはどうか

もう一つ、少しばかり教師らしいことを言っておこう。「アベはバカだから、国会で質問されてもまともに答えられない」と言って溜飲を下げている連中は、そういう台詞を口にする前に、自分がその「アベ」と同じことができるかどうか確かめるべきである。安倍首相は少なくとも、国会審議の中継やテレビ番組に出演した際の受け答えを見る限り、多少不正確な言い回しがあったとしても、一応様になる答弁をしていた。官僚などからレクチャーを受け、暗記して、役割を演じているだけかもしれないが、少なくとも数時間は持ち堪えることができるようだ。教師や研究者として人前で話しをすることが多い私の経験からすると、あれだけの時間、安保法制のような複雑な問題に関して与えられた役割を演じ続けるのは、それほど簡単なことではない。「アベはバカだ」、と叫んでいる人たちで、それと同じ程度の暗記力・演技力を発揮できる人はあまりいないのではないかと思う。安保法案の中身についてちゃんと理解して、覚えるつもりがなければ、できるわけがない。こういうことを言うと、**サヨク連中は恐らく、「アベや役人の幼稚な理屈など覚える必要がない」、と怒るだろうが、それに対しては、「そういうことは、その幼稚な理屈をちゃんと学習してから言え！　おまえたちはそれを批判しているんだろう。幼稚な理屈なら簡単にコピーできるはずだろ－！」、と言っておきたい。そんな態度だと、マルクス主義を知らないままマルクス主義を〝批判〟し、ロールズの名前さえ聞いたことさえないくせに、アメリカのリベラリルな政治哲学には中身がない、などと戯言を言っているバカなウヨクを笑う資格はない。自分にとって気に食わない奴の思想は、きちんと理解する価値などなく、適当に罵倒しておけばいい、というような安易な姿勢こそ、「知性」にとって最も有害である。**よく意味が分からないまま、「反知性主義が日本を席巻している！」「反知性主義の罠が広がっている！」「反知性主義のアベを打倒せよ！」といった呪文を唱える人たちが集結して大合唱する様は、さながら、平成サヨク合戦である。

自分の思い通りに事態が進行しないと世界は破滅すると思い込んでしまう病　二〇一五年一二月六日

私は何年か前から、京都を中心に活動しているあごうさとし（吾郷賢）氏という現代劇の演出家による「無人劇」のプロジェクトにドラマトゥルクとして参加している――どういうコンセプトの劇なのかはあごう氏のＨＰ（http://www.agosatoshi.com/schedule）などに出ているし、ドラマトゥルクというのが何をするかについては、演劇関係の書物で解説が出ているので、適当に調べてほしい。現在、制作中の「バベルの 塔Ⅱ――純粋言語を巡る物語」という作品は、岸田國士の戯曲『紙風船』（一九二五）と『動員挿話』（一九二七）をベースにした、リアルな役者による芝居を、映像的に加工したうえで、インスタレーション的――インスタレーションがどういうものかは、調べればすぐに分かるだろう――に展開する、というコンセプトのものである。そのため、私自身、ベースになった二つの戯曲をじっくり読み、リアルな役者による芝居の稽古も見学した。そうしている内に、この二つの 戯曲のテーマが、私がこの『極北』の連載で繰返し指摘していることと繋がっているような気がしてきた。

既視感のあるデスコミュニケーション

『紙風船』も『動員挿話』も、夫婦の間のディスコミュニケーションが主題になっている。両方の作品とも青空文庫で読める。『紙風船』は、新婚の夫婦の日曜日のやりとりという設定であり、今日何をしようかという他愛もない会話をしているはずなのだが、その会話がどこかおかしな感じで空回りし続ける。二人で一緒に何かやることに消極的な感じの夫に、妻が不機嫌になり、それを夫がなだめようとするのだが、それが余計に妻の癇に障り、余計に不機嫌な調子になっていく。そういう負のスパイラルが、毎日曜繰り返されているという。その通りだとすると、気が遠くなるようなループである。妻にとっては、何か理想のコミュニケーションがあるけれど、夫の態度がそれからズレているので、不機嫌になるのだろう。しかし、どうしてほしいのか、本人にも具体的に分かっていないので、負のスパイラルに入っていくように見える。夫婦に限らず、人間関係でよくありそうな話であるが、それを演劇として凝縮した形で表現すると、狂気のように見えて来る。あごう氏がこれをどう演出し、それがどう展示されるかは、作品を見て確かめてほしい。

この作品から見えて来るのは、理想のコミュニケーションに固執しすぎて、かえってディスコミュニケーションのスパイラルに入っていく現象をめぐる問題だ。普通の人間は、親しい相手との間のディスコミュニケーション＝気持ちの伝わらなさを経験しても、そのことに固執し続けることはない。理想のコミュニケーションを求めることは無理だと自分に言いきかせる。何かのきっかけで、自分の気持ちが伝わらないでストレスを感じても、いつまでもそのことだけを考え続けることはできない。生きていくうえでやるべきことがいろいろあるからだ。相手や周囲の人のリアクション、世の中の動向に関係なく、同じ問題にいつまでもこだわり続けるのは異様である。

夫婦や恋人、友人の間で、そういう問題が生じただけであれば、社会にとってさほど害はないので、当人たちのコミュニケーション努力で勝手に解決してもらえばいいわけだが、不特定多数の人に向かって、「私を理解してくれ！」アピールする人間は、厄介である。ブログやツイッターでイタイ自己主張をして、暴れている連中の多くは、そういう傾向があるのではないかと思う。彼らは、自分には〝優れたアイデア〟〝独創性〟〝洞察力〟〝高い感受性〟などがあると信じ、それを他人に認めてもらいたがっている。それでネットでアピールするのだが、陳腐で下手な文章にすぎないので、なかなか他人に注目されない。それで、「○○という問題を本当に分かっているのは私だけだ！」、「▽▽の問題を解けるのは私だけだ」などと叫び始める。

あごうさとし氏

そうすると、多少は注目されるかもしれないが、当然、バカとして注目されたのだから、からかわれることになる。その結果、余計に意固地になり、「世の中はバカばかりだから、時代の先を行く私の考えが理解できないのだ。しかし、どこかに真実が分かる人はいる」、と思い込み、〝同士〟を探し始める。そして、自分が世の中で正当に認められていないと不満を持っている人間たちが集まってきて、自分たちを苦しめ、不遇にしている共通の〝元凶〟を名指しし、糾弾することで溜飲を下げようとする。しかし、そうやってできたお友達のサークルは、他人の言うことを聞くつもりはなく、ただただ自分のことを認めてほしい人たちの集まりなので、すぐに仲たがいする。そして、〝バカばかりの世の中〟にますます絶望し、同じようなことを延々と繰り返す。

ディスコミュニケーションから派生するアクション

『動員挿話』の方は、日露戦争に出征する予定の将校に雇われている馬丁とその妻のディスコミュニケーションである。主人に頼まれて一緒に出征しようとする夫を、妻は引き止めようとする。一度は、主である将校の頼みを断り、夫婦で主の家の暇を告げることに、夫を同意させるが、夫が途中で翻意して、出征することになったため、妻は突然自殺する。最初は、夫の身の安全を願う普通の妻に見えていたが、物語が進む内に妻の妙なこだわりが目立ってくる。あくまでも馬丁であり、普通の前線の兵士ではないので、出征したからといって死ぬとは限らないが、妻の数代は、夫の友吉といったん別れれば、二度と会えないと決めつけてしまって、譲ろうとしない。その挙句、夫が出征する前に、先手を打って自分の方が自殺してしまうわけである。時代背景と結び付けて反戦的な読み方をしたい人もいるだろうが、妻の態度からすると、そういう読みはかなり不自然だろう。夫が国家から強制されて出征するわけでもないのに、妻が〝抗議の自殺〟をするのは奇妙だし、夫との平和な生活を強く願っている妻だとすれば、夫が生きて帰って、また二人で暮らせる可能性があるのに、その結果が分かる前に、自分が死んで、可能性をゼロにするのは非合理の極みである。この妻を、通常の意味でのフェミニズム的な抵抗の主体と理解するのも、難しいだろう。何を目指して抵抗しているのか分からないからである。

この作品を単体で見ると、理解しにくい妻の行動なのだが、『紙風船』に見られた、ディスコミュニケーションの延長線上で考えれば、それなりに理解できるような気がする。夫婦間にディスコミュニケーションがあり、ちゃんとコミュニケートしようとすればするほど、ディスコミュニケーションが際立つだけだと気付いてしまった妻が、耐え難くなって、自らループを断ち切ったという理解である。『紙風船』と違うのは、妻が、自分の思う通りに事態が進行しなければ、必ず悲劇が訪れる、あるいは自分にとって世界の終わりだ、と思い込む、完璧主義的な傾向を持っているように見える点だろう。夫が自分の思う通りに行動してくれなかったら、二人の関係は終わりであり、自分にとって世界が終わったのと同じなので、生きている意味がなくなった。そうした完璧主義的な物語への固執が、彼女を最後に暴発させたと解釈することができる。

自分のやり方に固執し、その通りにいかないのであれば、自暴自棄になり、それまでかなりの労力や金をかけて取り組んできた仕事やプロジェクトであっても、投げ出してしまう、あるいは、そうしたくなる、というのは、ほとんどの人が人生の中で何度か体験することだろう。しかし、エスカレートしすぎて、自殺（寸前のところ）まで行ったり、自分や周囲の人の人生を台無しにするような決断をする人は、ほとんどいない。そういうところまで行きそうだと予感すれば、どこかでセーブして、妥協しながらでも生きて行こうとするのが普通の人間である。

ネット空間には、恐らく口先だけだろうが、自分の思う通りに政治やマスコミが動かなかったら、日本が滅びると完全に思い込んでいるかのような言い方をする人たちがいる。安保法案が成立してしまったら、日本は再び侵略戦争を始め、若者は徴兵に取られて、その多くが戦死する、と断定し、それを推進するアベやその支持者を、殺人狂呼ばわりし、ありとあらゆる罵詈雑言を投げつける人たちがいた。法案が成立したら、どうせ日本は滅亡し、ほとんどの人は死ぬのだから、どれだけ悪口を言っても関係ないかのような口ぶりだった。自分たちが恐れていた事態が実現した今、彼らはどう生きていくつもりなのだろうか。ごく普通に考えれば、安保法案が成立し、政府にそのつもりがあったとしても、さまざまな準備が必要なので、すぐに戦争を始めることはできないし、徴兵制を実施するのは、国民の反対があって、かなり困難なはずである。現実に戦争をしなくてもいいような環境を作ることには、安保法案に賛成した人や黙認した人たちも合意するはずだから、法案成立後は、そういう人達とうまく協調していくのが賢いやり方のはずだが、自分たちの考えについてこない人間全てをクズ呼ばわりしたら、話し合いの余地はなくなる。自分たちの思っていた通りにならなかったらその後どうするかを全く考えていないのだろう。

「ピケティの問題提起が真剣に受け止められなかったら、日本の経済は崩壊の一途をたどる」とか、「ソーカル事件の意義を相対化する修正主義者が増えたら似非科学が蔓延することになる」（本書137頁参照）**といった、かなり強引な物語を頑強に主張し、それを受け容れない者を徹底的に人格攻撃しようとする輩は、完璧主義の病にかかっているのではないかと思う。その根底には、理解されたくて仕方ない病があるような気がする。**

ソフトバンクグループは、「Yahoo! 知恵袋」を廃人養成所にしたいのか　二〇一六年四月四日

ソフトバンクグループのYahoo! Japanが運営する〝情報〟サイト「Yahoo! 知恵袋」が、利用者同士の有益な情報交換とはほど遠く、2ちゃんねる以下の妄想と罵詈雑言が飛び交う場になっているのは有名な話である。通常のネット検索等では手に入りにくい、専門的な知識を、利用者同士が交換し合うというのが本来のコンセプトのはずだが、基本的に匿名での情報のやりとりなので、数年前の京大カンニング事件に象徴されるように、悪用する人間が出て来る可能性は常にある。明らかに本来の趣旨と違う〝質問〟や、注目を集めるためだけのふざけた〝答え〟でも、Yahoo! Japanがほとんど制約をかけず、抗議があっても無視しているため、ふざけた連中が調子に乗り、荒れ放題になっている。

特に目立つのは、他人の〝知恵〟を借りるのではなく、自分の個人的な主張や偏見に賛同を求めるような応答である。例えば、政治家とかタレント、評論家などの名を挙げて、「〇〇は本当にひどいですね。みなさんはどう思います」という〝質問〟に対して、「やあ、本当にひどいです。最悪ですよね」と〝答える〟、というパターンがよく見られる。そういう何の意味もない、呆けた〝答

え〟が、〝知恵袋〟のシステムに従って「ベストアンサー」に選ばれているケースが多い。あるいは、先の〝質問〟を気に入らない人間が、「ひどいのはお前だ。頭大丈夫?」、という調子で挑発し、喧嘩になって〝盛り上がる〟というパターンがある。他にも、質問自体はまともでも、どこかのサイトに出ていた情報を、曲解したうえで孫引きしたもので〝答え〟るというのがある。例えば、公務員の年金事情に関する質問に対して、一般企業の会社員の年金の三階部分に相当する「(旧)職域加算」に関するどこかの専門家の記述を曲解したらしく、職域加算が平均で月二〇万円に上る、というとんでもなく非常識な数字を挙げていたバカがいる——恐らく、専門家が年二〇万円と計算したのを、「公務員はおいしい思いをしているに違いない」、という思い込みから、月二〇万円と早とちりして、そのまま書き込んだのだろう。こういう偏見に基づく思い込みが〝答え〟としてまかり通っていたら、知恵の交換ではなくて、バカの増幅にしかならないのは明らかだろう。

私も被害にあっている

最近、この〝知恵袋〟で、私を露骨に誹謗中傷するやりとりを見つけた。昨年の秋に、カテゴリー「大学」に書き込まれたものである。〝質問〟をしたのは、sigpoooon という人物である。

「金沢大学は二流大学。自分の勤務校をそういう仲正さんの主張をどう思いますか。」

この〝質問〟自体が、曲解に基づいていると共に、仲正に対する誹謗中傷を誘導したい、という意図に基づいて書き込まれたことは明らかだ。この〝質問〟は、私がこの連載で以前書いた「二流大学の厄介な学生」(本書21頁参照)という文章にリンクされているが、まともな人間が読めば分かるように、**私は、大学のランキングを主要な話題にしているわけではない。「自分の所属する大学のステータスに不満を持ち、現実が受け入れられないまま、その不満を教師や周囲の人たちに転嫁している学生」のことを「二流大学の学生」と呼んでいるのである。**他の回にも同じような表現を使っているが、全てそういう意味である。あと、直接「二流」という言い方をしていないが、金沢大学の学長や理事たちが、自分たちを、旧帝大クラスと同格かそれに順ずるところに位置していると思いたがって、無理な背伸びをして、自己の立ち位置を知るための科目とか、おかしな方針を打ち出しているのも、二流メンタリティのなせるわざだと考えている(本書74頁参照)。そういうメンタリティを問題にしているのであって、厳密にどういう尺度で見てどういうランキングにいるかとか、学生の偏差値がどれくらいだとかにさほど関心があるわけではないし、そんなことを、この『極北』の連載で書いても、私にとって何のメリットもない。

このsigpoooonに限らず、私が自分の大学のランキングに拘っていると勝手に決めつけて、自分の勤めている大学をバカにしているとか、仲正自身のコンプレックスだとか騒ぐ奴がしばしば出現するが、そういうのは、文脈が読めない人間の曲解か、もしくは、罵倒している人間自身の学歴コンプレックスの反映である。この連中は、「二流」という言葉に過剰に脊髄反射しているが、仮に私が大学ランキング的なものに本気で拘っているとしても、「二流」というのはそんなに低い評価なのか。もし私が「金沢大学は一応一流大学だが、……」というようなことを書いたとしたら、ほぼ同じ類の連中が、「仲正は自分の大学のランクを分かっていない（笑）。……」、と言って騒ぐのは目に見えている。中には、「金沢なんて実はFラン……」、と言い出す奴もいるだろう。『～流』という言い方をすること自体が不適切である」、という批判なら傾聴に値するが、騒いでいる連中の中には、そういう正論らしいことを言っている人間は皆無である――匿名で、他人の言動に脊髄反射している時点で、既にそれを〝正論〟とは言えないが。

sigpoooon の〝質問〟に対する〝解答〟は二つ。〝ベストアンサー〟になっている方が、特にひどい。

I_love_machine_xxx というハンドルネームの人物である。

いや、こりゃ、笑っちゃったわ。

金沢が一流だろうが二流だろうが、マーチより上だろうが下だろうが、どーでもいいけどさ。前半の、旧帝は別格で、神戸大、筑波大、広島大が羨ましくて、理系はまだましだが、文系はマーチより下だから何番目まで下がるとか、三流でないだけまだまし、などと、はっきり言って、2ちゃんと知恵袋で学歴コンプ発散してる中二病学生と一緒じゃん。

で、ドイツ語だよ。（一部の例外除いて）卒業してから役に立たない第2外国語。語学は鬱陶しいと思う学生でも、まあ、英語なら勉強するか、と思うけど、ドイツ語だからね。散々学生の悪口書いたところで、「結構たくさん本を書いていて有名だ」とか自慢してるんだから、笑っちゃいますね。

金沢が一流でないことを認められないプライドだけ高い学生があーだ、こーだ、と言ってるけど、当の学生は全然そんな事思ってないよ。こいつの被害妄想だね。

ほんと、教員に母校をぼろくそに言われる学生さんに同情しますわ。

この人物は、ほんの少しでも自分がまともなことを言っていると思っているのだろうか？「Ｙａｈｏｏ！知恵袋」とはそもそもどういうサイトなのか？　２ちゃんねるのように、他人の悪口を書き込むサイトなのか？　最初に、「笑っちゃったわ」などと言って、自分の方が高見に立っているように見せかけるのは、２ちゃんねるとかツイッターで、他人を罵倒するコメントに賛同を集めるために使われる典型的な手口である。

I_love_machine_xxx は私が、「２ちゃんと知恵袋で学歴コンプ発散してる中二病学生と一緒じゃん」と下品な言葉で決めつけているが、先に述べているように、**私は、金沢大のランキングに拘っているわけではなく、私の目につくたちの悪い学生のメンタリティを「二流意識」と名付けているのである。『極北』の以前の連載で、旧帝大やＭＡＲＣＨなどと比較するようなことを述べているが**（本書21頁参照）、**これは当然厳密な順位を決めて、金沢大教授としての私の位置を確かめたいのではなくて、二流意識の学生について持論を述べるに当たって、自分の立場性を示しておくためである。金沢大学、あるいはそこの教員である私が、社会からどう評価されているのかについての大よその自己認識だ。私は、やや細かい問題について自分の批判的な意見を述べる際には、自分の立場性を説明すべきだと考えているので、少しだけ比較めいたことを書いたのである——私の**

知り合いに、数十年前の感覚で、金沢大がものすごくいい大学であるかのように言う人が結構いるので、それが誤りだということを指摘しておくという意味合いもあった。I_love_machine_xxx のような、ゲスな輩には、それが私のコンプレックスの現われに見えてしまうらしい。私の中に、旧帝大とか早慶などの教授がうらやましいという気持ちがないと言ったら嘘になるが、不特定多数の人間――特にI_love_machine_xxx のような学歴コンプレックスの塊のような人間――に向かって、「旧帝大より下でくやしいけど、辛うじて二流でよかった……」、などとアピールすることには何のメリットもないどころか、デメリットしかない。そんなことも分からないのか？　学歴コンプレックスの塊であるI_love_machine_xxx は、自分のコンプレックスを、強引に私に投影しているのだろう。

「金沢が一流だろうが二流だろうが、マーチより上だろうが下だろうが、どーでもいいけどさ。」と書いているが、「どーでもいい」のなら、どうしてこんなことに異様に拘って、私を誹謗中傷しようとするのか。I_love_machine_xxx 自身が、一流～三流とか、マーチに比べてどのくらいの所にいるのかということが気になって仕方ないから、私の文章の主題ではないとことに脊髄反射してしまうのである。

"中二病学生"はおまえだろう

I_love_machine_xxx が学歴のコンプレックスの塊であることは、知恵袋に記録されている彼の過去ログを見ればよく分かる。この人物は、「平凡なサラリーマン技術者」を名乗っているが、平凡なサラリーマンが、どうして多い時には日に十回も、知恵袋の「大学」カテゴリーに、学歴の関係の話を必死に書き込んで、物知りぶっているのか？　この人物が書き込んでいることのほとんどは、予備校の公表しているデータや就職情報誌に載っていることであり、わざわざ知恵袋で披露するほどのものではない。多分あまり知らない人に対して、生半可な知識を披露して、学歴マスターのようなものになった気分を味わいたいのだろう――こういう無礼な輩の心情は勝手に推測させてもらう。しかも結構頻繁に、大学の格付けに関係する〝論争〟に口出しし、喧嘩をしている。慶応のような有名私大卒の人物に対する劣等感を露骨に口にしている。自分自身が「学歴コンプの中二病」なので、私の文章のごく一部だけ読んで、私もそうだと早合点したのだろうが、大学の教員である私が自分と同じような感覚だと思い込むあたりが、かなりバカである。研究者である大学教員の場合、東大や京大の教授でなくても、高い評価を受けている人はいるし、その逆もある。また知名度も、所属大学のランキングのようなものに比例していない。大学教員・研究者にとっては、そんなのは当たり前の話だ。学歴コンプレックスで狂っている、I_love_machine_xxx には、そういうことが全然想像できないのだろう。

「『結構たくさん本を書いていて有名だ』とか自慢してるんだから、笑っちゃいますね。」というのは、どういうつもりだろう？　私が大手の出版社を含めてかなり多くの本を出しているのは事実である。ちょっとネット検索すればすぐ分かる――I_love_machine_xxx のような文盲に近い輩には理解できない本ばかりなので、彼にとってはないに等しいのかもしれないが。まともな学術書があまり揃っていない金沢大の生協書籍部でさえ、私の本は何冊も置いてあるので、文系の教員の多くは、私が本をたくさん出しているらしいことは知っているし、本を読まない学生でも、ある程度は知っているはずだ。その証拠に、2ちゃんねるやツイッターに私のことをディスる書き込みをしている学生（らしき連中）たちも、私の本や雑誌記事に言及することがしばしばある。そういう事実を述べたら、自慢話をしたことになるのか？　I_love_machine_xxx のような学歴コンプレックスの塊にとっては、東大卒の人が、文脈上の必要があって、「私が東大で学んでいた時……」と書いたら、東大卒を自慢したことになるのかもしれない。博士号を持っている人間が、「私が博士論文を執筆していた時には……」と書くのも、自慢話になってしまうのだろう――この連載でソーカル事件について書いた時（本書137頁参照）にも、その手の反応をする輩が結構湧いて出た。I_love_machine_xxx は、恐らく、一日中他人の〝自慢話〟を聞かされて、気が狂いそうになっているのだろう。

I_love_machine_xxx が典型的なバカ学生であったこと、その結果、廃人になってしまったことを最も端的に示すのは、「で、ドイツ語だよ。（一部の例外除いて）卒業してから役に立たない第2外国語。語学は鬱陶しいと思う学生でも、まあ、英語なら勉強するか、と思うけど、ドイツ語だからね。」という台詞である。こいつは、学生が役に立たないと思った科目は、勉強しないのは、当然と思っているのか？　そんなことを言い出せば、第二外国語に限らず、ほとんどの科目は、勉強しなくていいことになる。こいつは、ドイツでドイツ語が話されていること、ヨーロッパ関係で仕事をする機会があれば、ドイツ語がかなり役に立つという中学生でも知っていることを知らないのだろう。法学や哲学を専門的に勉強しようとする人にとってはドイツ語は不可欠である。確かに、中国語、スペイン語、フランス語などだと、ビジネスで役に立つ可能性は、ドイツ語よりも若干高い。しかし、この書きっぷりからすると、I_love_machine_xxx は英語さえ満足にできないのではないか？　英語が役に立った、立ちそうだ、という経験があれば、それらしいことを書くだろう。多分、I_love_machine_xxx はニュージーランドの隣にオーストリアがあると思っている類の輩に違いない――金沢大には、卒業するまでそう思い込んでいる輩が少なくない。

これが金沢大学だ

そもそも私は、学生が第二外国語を熱心に勉強をしたがらないこと自体に腹を立てているのではない。そんなことはとうに諦めている。宿題をやってこないとか、しょっちゅう遅刻したり、授業中にずっとぼうっとしたりしているので叱ったら、それを自分の問題として受けとめないで、「仲正は人格異常者だ」、という噂を流して憂さ晴らしするような態度に腹を立てているのである。ちゃんと読めば分かるはずだが、大学でほとんど何も学ばなかった I_love_machine_xxx には最低限の国語力すら疑わしい。それプラス、彼自身もこの手の自己正当ばかりしている人間だから、無条件に教師の方が悪いと思ってしまうのだろう。

あと、「金沢が一流でないことを認められないプライドだけ高い学生があーだ、こーだ、と言ってるけど、当の学生は全然そんな事思ってないよ。こいつの被害妄想だね。」と決めつけているが、金沢大と何の関係もない I_love_machine_xxx に、どうしてそんなことが分かるのか。私は金沢大で一八年以上教員をやっている。学生が旧帝大に対するコンプレックスのような話しをしているのを直接聞いたことが何度もある。旧帝大を落ちて、金沢に来たという学生がかなりの割合を占めているのは隠しようのない事実であり、学生や教員の間でよく話題になっている。2ちゃんねるの金沢大関係のスレッドでも、しょっちゅうそういう話が出て来る。そういう連中と、自分の態度を棚に上げて私の悪口を言っているような連中がかなり重なっているのではないか、と私は推測している。それを当該の文章で書いたのである。ちゃんと調査しているわけではないので、どれだけ重なっているか厳密に示すことはできない。ただ、何例か明らかにそうだと言えるケースを経験してきた。拙著『知識だけあるバカになるな』で、その例の一つを紹介している。また、『極北』で以前言及した、「ドイツ、抽選で仲正になったらスペインに逃げる！」と言っていた関西人は、自分が大手予備校の東大・京大進学クラスだったことを〝自慢〟していた（本書27頁参照）。少なくとも、年に二〜三回は、そういうのに出くわす。

やるべきことをやらないくせに、妙にプライドが高くて、叱るとすぐに反発する学生に手を焼くというのは、金沢大の教員のほとんどが、というより日本の大学教員のほとんどが経験していることである。私はそのことを強い言葉で表現しているにすぎない。I_love_machine_xxx は、「教員に母校をぼろくそに言われる学生さんに同情しますわ。」と捨て台詞を言っているが、私は、こいつが〝学んだ〟大学の先生たちと、こいつを間違えて雇ってしまった企業の上司たちに深く同情する──そういう企業が実在すればの話だが。

もう一つの〝回答〟を書いた gakurekibakabokumetu、奴もかなりひどい。

ほんまや。

I_love_machine_xxx さんに同意しますわ。

この人どんだけ偉い人か知らへんけど、
文章だけみたら知恵袋によくおる学歴オタクのクズにちょっと毛の生えたくらいやな。

まあ、学生のこと批判するのも自由やけど、学者やったらもうちょっと品のある文書かんとあかんわ。


「ほんまや」と同意しているのだから、I_love_machine_xxx について述べたことは、全てgakurekibakabokumetu にも当てはまる。このバカは、私の文章が下手だとケチを付けているが、これは論文でも新聞の論説でもない。私の思ったままを、自由な文体で書いていいことになっている、かなり緩いコラムである。I_love_machine_xxx や gakurekibakabokumetu のような不快な屑に仕方なく言及する時には、相手に合わせてやや乱暴な言葉遣いをすることもある。そういう使い分けをしている学者・文化人は少なくない、というより、いろんな種類の文章を書く人なら、使い分けるのが当たり前ではないか。この連中は本を読まないので、そういうことが分からないのだろう。恐らくこいつは、大学教授は、政治家のように、I_love_machine_xxx や gakurekibakabokumetu のようなゲスの極みのような無礼な輩に対しても、丁寧な言葉遣いで語りかける義務があるとでも思い込んでいるに違いない。gakurekibakabokumetu は、私の文章力を判定しているつもりになっているが、自分や I_love_machine_xxx は、品格のあるまともな文章が書けているとでも思っているのだろうか？

あるいは自分が、〝知恵袋〟に下品な関西弁で他人の誹謗中傷をして憂さを晴らしている屑だという自覚はあるのだろうか？　ソフトバンクグループは、こんな連中を野放しにして、やりたい放題、中傷罵倒をさせている方が金儲けになるとでも考えているとしたら、それはとんでもない勘違いである。因みに金沢大学法学類の学生による、最近のツイッター上での私に対する悪口に、以下のようなものがあった。

〈シリーズ 死ぬほどSEX 生涯現役宣言〉
50歳の童貞教授からの批判
「高齢者のSEXは無謀だ」
本誌からの3つの反論

『週刊ポスト』（2014年1月31日号）

RT @UNIONTELLING:「セックスは絶対不可欠ではない」を実践する研究者。現在、52歳とのこと。〝気鋭の思想家・仲正昌樹氏（金沢大学法学類教授）／50歳近くになるがいまだ童貞だとカミングアウト〟（編集部註――『週刊ポスト』二〇一四年一月三一日号参照）。
j-cast.com/tv/s/2014/01/2…

←

まってwwwwwwwwwwwwwwwwwwwwwwwwwwwwww仲正童貞なの
wwwwwwwwwwwwwwwwwwwwwwwwwwwwwwwwwwwwwwwwwwwwwwwwwwwww
wwwwwwwwwwwwwwwwwwwwwwwwwwwwwwwwwwwwwwwwwwwwwwwwwwwww

wTwitterkonitantanmen（生きる気力のない燃えないゴゴミ）ミ16時間前　いいね、リツイート　返信

あ、仲正ってエゴサするじゃん…………鍵かけておこ

Twitterkonitantanmen（生きる気力のない燃えないゴ～）ミ16時間前　いいね、リツイート　返信

これが、金沢大学の現実である。これを「二流」と形容したら、学生が可哀想だというのだろうか。教師は、こういうのに一方的に耐えろとでもいうのか。I_love_machine_xxx やgakurekibakabokumetu、ソフトバンクグループの担当者等は、そういう身勝手な感覚で〝学生生活〟を送ったのだろう。

〝文章力〟幻想　二〇一六年五月八日

世の中には〝文章力〟なるものに異様に拘り、他人の文章にやたらとけちをつけて誹謗中傷したがる困った輩がいる。ほとんどの場合、具体的な根拠を示さないまま、「〇〇の文章力がこんなに低いとは（笑）……」、というようなフレーズがいきなり出てくるので、言われた方は困惑する。文法的に誤った表現、文脈的に不適切な表現を使っているということであれば、第三者的な判断も可能だが、〝文章力〟などと漠然としたことを言われても、どこが悪いのか分からない。ターゲットにされるのは、学者や文化人のように文章を書くのを商売にしている（と思われている）人たちである。この連載でも何回か言及したように、私も時々被害に遭う。

文体は媒体に規定されて当然

大きく分けて、二つのタイプがいる。一つは、私がこの『極北』に連載しているような、砕けた感じの文章で、「バカ」とか「クズ」といった俗っぽい罵倒言葉を使っていることをもって、「文章力が低い」と決めつけるパターンである。その手の人たちはどうも、学者や知識人は、罵倒言葉など使うことなく、常に学術論文や月刊誌の論説記事、あるいは裁判の準備書面のように書かねばならない、というルールがあるかのように思い込んでいるのかも知れない。「私は、この問題に対して▽▽のような弱い論拠に基づいて、□□のような結論を導き出すのは、失当であると考えており、このような立場は、◇◇分野の研究者の多数派に共有されているものと思料する……」といった調子で。

無論、私に限らず、論文を書く時はその学会の慣習に従った書き方をするし、マスコミ向けの解説文とか新書などを書く時は、それを少し平易にした書き方をする。公的機関向けの書類などを書く時は、それらとは別の形で改まった文章を書く。この『極北』の連載のように、内容面でも形式面でも――法的な問題が生じる可能性が高い問題に触れる場合を除いて――ほとんど制約がないのであれば、本人の趣味やポリシーで、かなり砕けた、多少下品にも見える表現を使うことは十分ありうる。**私がこの連載で、「●●のような輩は、どうしようもなくバカである」、というような表現を使うのは、その●●からほとんど根拠のない誹謗中傷を受けた場合に限られる。「~のような見解には、それを裏付ける論拠が欠けており……」、というような整然とした感じで、反論をすると、その●●が、何か傾聴に値する意見を述べたかのように見えてしまうので、対等に相手をする必要のない「クズ」だということを念押ししているのである。だったら相手にしない方がいい、という人がいるかもしれないが、相手がクズだと分かっていても、ネットのような公共性のある媒体で公然と罵倒されたら、なるべく一応抗議しておく、というのが私のポリシーである――相手にされた**

がってしかたのない輩だと判明している場合を除いて。

いろんな種類の文章を読み慣れている人であれば、この手の説明をしないでも自然と分かるはずだが、この『極北』の連載での私の言葉のチョイスにいちいち噛みついてくる輩は、国語力が中学校レベルで止まっていて、論文や新聞記事と、自分たちが思いつきでブログやツイッターで書いている文章の違いがよく分かっていないのか、私が「バカである」と書いただけで、自分たちと同類と即断してしまうのだろう——中には、自分たちが論争のつもりで、小中学生並みの幼稚な物言いをしているのに気付かないまま、私の〝文章力〟をディスっている輩もいる。以前「奇蹟の誤読」（本書81頁参照）で取り上げた自称保守論客は、専門的すぎて自分に理解できない論点を指摘されると、「こんな些末なことしか言えない仲正さんはなんてバカなんでしょう。バカにしてやりましょう」式の言いぐさで誤魔化すのを常としているようである。どういうのが論文の書き方で、どういうのがフランクな文体なのかさえ分からないまま、こういうことを普段からやっている連中にとっては、私がこの連載で「バカ」という言葉を使ったという事実が、〝文章力〟のない証拠になってしまうのだろう。

自分の読解力不足を他人の文章力不足にする思い上がり

もう一つのタイプは、私が新書や入門書で説明している内容がよく理解できないのを、私の〝文章力〟のせいにしてしまう輩である。自分に理解力がないのかもしれないとは一切考えないで、**「仲**

正氏には、今後、文章の書き方を勉強して頂きたい」、などという失礼極まりない台詞を臆面もなく書き込む――これが、〝文章力〟のある人間のやることだろうか？　こういうことを恥ずかしげもなく書けるのは、「文芸評論家」とか「文章の達人」を気取って、はてなブログなどに駄文を書き連ね、ごく少数のフォロワーに称賛されて悦に入っている、団塊の世代などの年配者に多い。この手の人たちは、〝一流の文章〟であれば、（〝超一流〟の文章の達人である）自分に理解できないはずがないと思い込んでいるようである。恐らく、自分の文章を出版社などに持ち込んで、「こういう話の筋が見えない文章ではとても出版に耐えられません」、と言われて門前払いを食らったり、カルチャースクールの小説家養成講座のような所でいやな目に遭ったりして、〝文章力〟がトラウマになってしまい、自分より年少の人間が、いろんなテーマで何冊も本を出しているのを見ると、ついつい自分のトラウマである〝文章力〟という言葉を使ってけなしたくなるのだろう。

冷静に考えてみれば分かることだが、私の文章が本当に読むに耐えないくらいひどいものであれば、出版社から哲学とか思想史、文学などの専門的なテーマで本を書いてほしいという依頼があるはずがない。私には採算を度外視して本を出版させるだけの特別なコネがあるわけではないし、メディアでの知名度がさほど高いわけでもない。少なくとも、アーレント、ハイデガー、デリダ、シュミット、脱構築、正義論、政治神学などに関心を持っている、一定の読者にとって読むに値する文章を書けないのであれば、出版社が私を指名して依頼してくる理由はない。仮に間違って依頼してくる所があっても、一回切りで終わりになるだろう。ブログやツイッターでヘタウマな文章を書いてウケルのと、哲学系の本を一冊書くのでは、全く異なった技能が必要とされる。そんなことは、良識ある人間が少し落ち着いて考えれば、分かりそうなものである。自分には〝すごい文章力〟があるのに出版社やマスコミの無能な担当者にはそれが分かっていないと一方的に思い込み、気が狂いそうになっている連中には、そうした当たり前のことが理解できないのかもしれない。

この二つのタイプに共通する勘違いは、どういう読者に向かってどういうテーマに関して何を示そうとしている文章なのか特定することなく、〝文章力〟なるものがあるかのように思い込んでいることである。文章というのは、誰かに何かを伝えるために書くものである。ハイデガーの「(環)世界(Um) welt」とアーレントの「共通世界 common world」の関係について、ハイデガーとアーレント双方について基礎的知識がある人に向けて専門的な論文を書くのであれば、そもそもハイデガーとかアーレントの名前くらいしか聞いたことのない〝素人〟の反応など無視して、ハイデガーとアーレントのかなり特異な基本語彙を前提にしながら、ストレートに、「ごく表面的に理解すれば、《Umwelt》は、主体＝現存在を囲い込み、その存在様式を規定＝調律(be-stimmen)するのに対し、《common world》は、公の光の中に物や行為主体を『現れ』させ、多元化するので、一見対照的であるように見えるが、『存在と時間』の後半部で示唆されている、現存在の被投性と表裏一体の関係にある『世界』の開示性に定位して考えるのであれば、……」というような感じの、門外漢には呪文のように思える書き方をするのが適切だろう――これは、適当に上げた例であって、私の最終見解ではない。哲学はある程度勉強しているけれど、ハイデガーとアーレントの思想を要約できるほどではないという(まじめな)学部生レベルの読者を想定した本で、こうした議論を展開しようとすれば、最低十頁くらいは費やさないといけないだろう。「現代政治哲学入門」というような、大きな括りの本で、頁数がさほどないのであれば、上記のような論点に突っ込むのは諦めた方がいいかもしれない。

〝文章力〟なるものがあるとすれば、それは第一に、自分が伝えたいこと、伝えたい相手を特定して、それを最も効果的に伝える手段を見出す能力であろう。自分が昔どこかで読んだ〝何となくかっこよさそうな文章〟のイメージに引きずられて、それを表面的に真似た文を書いて名文家を気取ったり、文脈を特定せず、自分の（かなりピントはずれな）直感だけで、他人の〝文章力〟を判定しようとするのは、〝文章力〟というより、基礎的な国語力のない人間の所業である。

読解力不足が招く実例

こうした〝文章力〟をめぐる勘違いについて考えていると、どうしても、大学の期末試験の採点をしている時の憂鬱な気持ちを思い出してしまう。文系の大学教員の圧倒的多数が感じていることだと思うが、教員がかなりピンポイントで出題しても、多くの学生が問われていないことを〝答え〟ようとする。私が教えている政治思想史で言えば、「ホッブズとロックの自然状態観の本質的な違いを述べたうえで、その違いが両者の国家（政府）に対するスタンスの違いにどう反映したか簡潔に述べなさい」、という結構ベタな設問がある。大学の講義にまじめに出るか、教科書をちゃんと読むかすれば、簡単に正解を書ける。読解力の高い高校生でも、ちゃんと答えられそうな気がする。しかし、結構多くの学生が、「ホッブズは、清教徒革命や共和政期の不安定な政情を体験したので、人は人に対して狼であり、自然状態は戦争状態だと主張し、国王が絶対的な権力を持つ絶対王政が好ましいと考えた。それに対してロックは、自然状態には自然法が支配しており、政府は市民の自然権を信託されているだけなので、政府が市民の信託に反した行為をすれば、市民たちは抵抗権を行使できると主張した」、というような答案しか書けない――こういう書き方をするのはかなりしな方で、多くの場合は、「てにをは」に関する日本語ネイティヴとは思えないような間違いをしたり、ホッブズとロックを取り違えたり、他の思想家の主張を混入したりしている。どうして上記の答案でまずいかというと、両者の自然状態観がどういう理論的前提において対立しているかピンポイントで説明せず、単に並列しているだけなので、それがそれぞれの国家（政府）に対するスタンスにどう反映したのかその論理的筋道がはっきりしないし、絶対王政であることと、市民に抵抗権があることは必ずしも矛盾しないからである。

当然のことながら、私は授業の中で、何がそのピンポイントの理論的対立点かかなりしつこく説明しているし、どういうタイプの問題を出すかも何度か言及している。設問の始めに、「授業内容に即して答えなさい」、と念を入れて書いておく。字数も、自分で模範解答を作ったうえで、「三〇〇字から四〇〇字程度」という感じで、大よその目安を示しておく。それだけ念を入れても、多くの学生が一番肝心のポイントを外したまま、暗記したことをとにかく繋げて文章にしようとする。ひどい場合になると、ホッブズ、ロックの思想の中身でなく、ピューリタンとか権利請願とかスコットランドとイングランドの関係とか、時代背景的な説明を――いくつかの基本的な知識の間違いを含めて――書き連ね、最後に「このような背景からホッブズとロックの思想は異なったものになった」、と強引に〝結論付け〟たりする——やる気がないので、一夜づけで見当違いのところを暗記したつもりになっただけのことかもしれない。

ジョン・ロック（1632〜1704）

トマス・ホッブズ（1588〜1679）

こうした〝設問〟から明らかにズレた〝答え〟であれば、どれだけ予備知識をつめこみ、難しい用語を多用しても、また、標準教科書や専門書の記述をほぼそのまま写し取ったような学術的な文体を部分的に使っていても、高い得点を与えることはできない。読解力、文脈把握力がない人間は、自分が何を言わんとしているのか自分でもよく把握できていないので、見当外れな文章を書いてしまう。逆に言うと、他者の議論や関心の文脈がちゃんと把握できていれば、さほど美しい文体ではなくて、自分の意図を可能な限り、明確に伝える文章を書けるだろう。外国語を習う時、聞き取りがほぼ完ぺきならば、多少もたもたしてもその言語で意志疎通することができるし、だんだんと見よう見まねでうまくなっていくのと同じ理屈である。単語や短い文の発音だけうまくても、聞き取りがダメなままだと、あまり会話は上達しない。無暗に〝文章力〟に拘る人間は、その肝心なことが分かっていないのではないかと思う。

「俺が勉強に関心を持てないのは教師のせい！」と恥ずかし気もなく言ってのけるモンスターたち

二〇一六年六月六日

前回の連載の後半で、金沢大学での私の政治思想史の授業で出している試験を題材にして、学生が問われている問題の趣旨を十分理解できないまま、ズレた答案を書いてしまうことがしばしばある、ということを書いた。その何日か後に、2ちゃんねるの「ニュース速報（嫌儲）」板に、「文系教授の悩み『多くの学生が設問を理解できず、問われていないことを答えようとする』」というタイトルのスレッドが立った。私の文章の趣旨に理解を示してくれる好意的な書き込みも多かったが、例のごとく、「文系大学教授」に言いがかりをつけたくて仕方ない輩が何匹か湧いて出た。これらの連中の言い分のいくつかに、大学で勉強するというのはどういうことか全く分からないまま、教師を逆恨みする人間の典型的な発想を見ることができる。ある意味興味深い。

日本語を勉強して出直して来い

私が例として出したのは、ホッブズとロックの自然状態論の本質的な違いと、その論理的な帰結を問う問題だが、悪口を言っている連中は、それに対する回答を思いつけなくて、ムカついたようである。「Id:bt6X0eYg0」という人物が数十回にわたって書き込んでいるが、この人物は、おかしな日本語で、意味不明な主張を続けている。このスレッドの２６３番目の書き込みで、以下のように述べる。

高校の時点では
我々は牧歌的市民であるという前提のもとでの、ロックの社会契約論に含まれた、政府変更の重要性や、革命権をジャップランド政府や自民党内閣の意向により詳しく学んでいない感じだから
大学で単位取るためにこの教授の講義を取っているのであれば
高校時点の内容に、この教授の内容を少し補完したもので繕うのは当然の成り行きだと思う
Wikipediaも日本語版だけでは理解に至った完全解答不可能だったことと、高いレベルの解答能力を身につけるという教授の仕事の一つである、文字通りの教授的本質を考えると
大学生よりも、総じてジャップが悪いという結論にしかならない
私はジャップのリヴァイアサンに嫌儲革命権を持って抵抗する

「高校の時点では〜」以下の文と、「大学で単位を取るために〜」以下の文は、日本語のネイティ

ヴが書いたとは思えないくらい文法が乱れているが、言いたいことが分からないわけではない――無論、革命権を日本政府の意向で詳しく学んでいないというのは、妄想による陰謀論である。しかし、「Wikipedia も〜」以下の文は、何を言いたいのかはっきり分からない。多分、wikipedia の日本語版を見て、その記述だけでは、私が例示した問題に解答できない、と思ったということなのだろうが、それがどうして「教授の本質」に反するとか、「ジャップが悪い」などということになるのか？　どういう思考回路になっているのか？　wikipedia の記述を基準にして、日本の大学の教授の教育方法を批判すること自体がおかしいと思わないのだろうか？　私や、他の日本の大学教員の授業のやり方について何も知らないのに、どうして批判しようなどと思うのだろうか――bt6X0eYg0 の文章からして、日本語を主要言語とするまともな大学に通ったことがあるとは思えない。

この人物は、wikipedia の記述を真に受けるのはおかしいと他の人物から指摘されてムキになったらしく、いや英語の wikipedia には引用元が表示されているので、ジャップの wikipeida とは違うなどと、強引な屁理屈を言い募る。そもそも、この人物は日本語版 wikipedia を見て、私の問題に答えられないと言い出したのだから、英語版の wikipedia の話にズラそうとすること自体がおかしい。仮にホッブズやロックについては日本語版よりも英語版の方が記述が詳しいとしても、この人物の一連の書き込みを見る限り、彼にはどちらがより信用できるか判断する能力はないだろう。引用元に直接あたって、学術的に信頼できるソースだと確認してから、参考にするのならいいが、そういう作業を怠って、wikipedia に書いてあることをそのまま信じてコピペするのであれば、何語版であろうと同じことだ――これについて詳しくは本書175頁を参照。言い訳しきれないと思ったのか、唐突に以下のように主張する。

まぁ、はっきり言って、ハイエクからデリダ、リア充論まで手広く本を出版する御仁には
ソース云々以前の話だろうなぁという感じはするから、
この Wikipedia 式対抗方法で充分ではないかと思ってしまうが
半出版屋であって、
普通の Academism 人材、普通の大学教授ではない

恐らく、私がいろんなテーマについて本を出しているので、調べもしないで適当なことばかり書いていると妄想したのだろうが、「おまえと一緒にするんじゃない」、としか言いようがない。多分、bt6X0eYg0は、私の本など一冊も読んだことがないに違いない。「ハイエクからデリダ、リア充論まで」というのも wikipedia で、私の著書のタイトルを見て初めて知ったのだろう。ハイエクやデリダの本で私が結構細かい論点を、先行研究を参照しながら論じていることは、全部読まないでも、パラパラとめくるだけで分かるはずである——無論、日本でちゃんとした大学教育を受けた人がめくるという前提での話である。この人物は、日本の大学教授は、自分と同じか、それ以下くらいに頭が悪いと思い込みたいがために、多様なテーマについて多くの本を出版しているのは、いい加減なことを書いている証拠だと極めて短絡的に判断したのだろうが、そういう適当な基準で判断し始めたら、西田幾多郎、和辻哲郎、丸山眞男、山口昌男、熊野純彦といった人たちも、まともな学者では

ない半出版屋ということになるし、ハイデガー、バルト、フーコー、ハーバマス、デリダ、ローティ、サンデルなどについても同じことが言えてしまう。情けないことに、最近では大学院生にも、これと同様の雑な推論で、多くの本を出している大学教師を誹謗するバカの少なくないのが現実である。

百歩譲って、私がwikipedia以下の基本知識で本を量産しているにしても、bt6X0eYg0や彼と同趣旨の悪口を言っている2ちゃんねらー連中には到底真似ができないに決まっている。出版社に、本になるくらいの分量の原稿を持ち込んで、「これこそ今の時流に合った本です」、とアピールして、編集者の反応を見れば、すぐ分かる。bt6X0eYg0は、内容以前に、「日本語を勉強し直した方がいいですよ」、と言われるのがせいぜいである。

大学で〝クイズ脳〟は通用しない

また、ホッブズやロックを出題するのは、日本の文系のレベルが低い証拠だという屁理屈を言う奴もいる。「ID:9jOB7f1a0」いわく、

ホッブスとかロックとか高校生の公民かよ

これに同調した「ID:7nZ6PmSd0」によると、

だから文系なんていらないんだよ
理系だけの方が日本のためになる

この二人は文系／理系以前に、大学に通ったことがないのではないか。大学における基礎的な勉強は、中高で大ざっぱに教わったことを、正確に理解し直すことから始まる。高校の数学だと、微積分を定義したり、無限等比級数の収束を説明したりするのに、「xがゼロに限りなく近づけば、～」とか「nが無限大に大きくなれば、～」というような雑なイメージですませるが、大学の数学だと、イプシロン・デルタ論法で厳密に定義し直す。物理や化学でも、電磁気や気体の運動などについて大ざっぱなイメージで習ったことを、より厳密な数式や論証によって再学習する。ホッブズやロック、ルソーについても、高校で大ざっぱに習ったことを、原書での表現や比較的初歩的な学説に従って再学習する。「ID:9jOB7f1a0」や「ID:7nZ6PmSd0」は、恐らく、大学で学ぶ知識も高校でのそれと同様に、クイズのように、「社会契約論という言葉を最初に使ったのは○○である」というような穴埋め問題の答えを覚えるものだと思い込んでいるのかも知れない。そういう風に考えているのだとしたら、大学では、ホッブズやロックのように高校で習った名前ではなくて、目新しい名前を出すべきだという見当はずれな主張をしていることに納得がいく――。

増殖する〝モンスター〟たち

更に、学生がまともな答案が書けないのは全て教師のせいだと言い張る、とんでもないモンスターたちもいる。「ID:VzuTJTHS0」いわく、

元ネタの文章の主題は文章力で
この人の定義する文章力とは「自分が伝えたいこと、伝えたい相手を特定して、それを最も効果的に伝える手段を見出す能力」らしいけど
この人は自分の作った文章である問題文が学生に伝わらないのを学生のせいにしてるとこが面白いわな
哲学教授っぽいから何かそういう自虐なのかな

この人間は自分が気のきいたことを言っているとでも思っているのだろうか？　これと同じようなことを書きこんでいる人間が他にも二、三人いた。**授業に出て、居眠りせずに、ちゃんとノートを取り、参考書をもとに予習復習し、答案を書く練習をしなければ、試験で何が問われているかちゃんと把握できるはずがない。**普段、勉強せず、参考書に書いていることをうろ覚えに羅列しているだけなのに、ちゃんと答案を書けたつもりになっている学生を問題にしているのである。自分が不

勉強だったせいでいい点を取れなかった、落第した、と潔く認める学生であれば、私は特に問題視しない。大学での試験に限らず、試験というものは、ある程度自習しておかないと、何を問われているのかさえ分からないものである。三角関数がそもそもどういうものかよく分かっていない高校生が、「三角関数の加法定理を証明せよ」という問題を見せられたら、全く意味不明であろう。

「ID:0l5x7tnb0」曰く、

まるで学生が一方的に悪いと言いたげだが
設問者の意図した通りの模範解答で答えろ！
私のイメージ通りに回答しないのはおかしい！
なんて言ってる方がちゃんちゃらおかしいわw

この人間は、ちゃんちゃらおかしいのは、自分の知的水準だということが分かっていないようである。私がいつ、「設問者の意図した通りの模範解答で答えろ！」、と言ったのか？　こいつの勝手な想像である。肝心なポイントが入っていて、全体の文意が通じれば、満点に近い点数を与えるようにしている。大学の期末試験は、授業でやったことをちゃんと理解しているか確認するために行うものである。ある程度その教師の解釈を反映した設問になるのは避けられない。ただ、私が先の連載で示した例について言えば、大学レベルの政治思想史の授業を真面目に受けた人にとっては、ほぼ定番の答えがある。政治思想史をちゃんと教えている大学教員であれば、ほぼ同じような模範解答を書くだろう。「ロールズの無知のヴェールと正義の二原理の関係について述べよ」という問題は、ロールズを知らない人間には意味不明だろうが、一度ちゃんとした勉強した人間にとっては、どれくらいの字数設定であれば、どの程度のことを書くべきかおおよそ見当がつくベタな問題である。0l5x7tnb0やVzuTJTHS0は、私の問題設定が悪いせいで、誰も合格しないかのように言っているが、いつ私がそんなことを言ったのか？　私は期末試験では、先のホッブズ－ロック問題のようなものを四問出題し、その合計で六〇点を超えたものを合格としている――六〇点で合格点とするのが、金沢大学の標準である。例年、三十～五十名くらいが期末試験を受けているが、数人にはＳ（九〇点以上）を与えている。不合格は四分の一から三分の一くらいである。２ちゃんねるの嫌儲板で他人の悪口を言っている連中は、ネット検索技術が低いせいで突き止められなかったのだろうが、私の政治思想史の過去問と模範解答、合格者数などは公開されている。

あと、「ID:oTWvo6lA0」なる人物が、

学生の答案のほうが分かりやすい。
この人の方が何を言ってるんだかよく分からない。

と書き込んでいるが、こいつは真正のバカなのだろう。こいつが「学生の答案」と言っているのは、「一見よく書けているように見えて、ポイントからずれているので、あまり高い評価を与えられない答案」の例として、私が書いたものである。本当の学生の答案をそのまま例に出すはずがな

いし、ズレた答案を忠実に再現したら、文意が通じなくなるので、かなりアレンジしてある。つまり、高校レベルの知識ですませればよいと思っている連中なら、どこが悪いのかよく分からないような文章にしておいたのである。別に誰かをひっかけるつもりはなかったが、oTWvo6IA0は自分からひっかかってくれた。いいサンプルになってくれたので、ある意味ありがたい。

モンスターの極めつけが、「ID:3I38O5jk0」の以下の言い分である。

>>75
いや?
絶対にこいつ口頭で対立点言っただけでレジュメには両者の特徴とかしか書いてないだろ
ピンポイントでどんな問題が出るかなんて教えるわけがないし、学生はどこから出るかなんて
分からないんだからどうしても薄く広く覚えるしかない
レジュメに重要とか書いて対立点を書いてあったらそれを覚えるでしょ?
こいつは学生の立場になれない馬鹿

こいつは自分の言っていることが分かっているのだろうか? これは、試験の問題を予め教えて、暗記しやすいようにしろ、と言っているに等しい。学生は何も考えないで、「▽▽は□□理論を定式化した」式の文を暗記だけすればいいよう、そういう文を書いたレジュメを配るのが教師の義務だとでも思っているのだろうか。それだと本当に、暗記科目化している中高の社会科レベルである

――中高の先生でも、本当の理解度を測るためにちゃんとした文章題を出している人はいると思う。学生の出来があまりにも悪いので、穴埋め式問題ばかり出している大学の先生もいるが、まともな大学の教師なら、それが正常な教育だとは思わないだろう。ホッブズーロックの対立点については、私は基本的に口頭で説明するだけで十分と考えているが、一応、レジュメで図示している――不真面目な学生はそれを読もうとしない。また、どういうところから出題しやすいか、十数から二十くらいのパターンを口頭で繰り返し示しているし、予想問題を作って自分で答えたものを私に送ってくれれば、できる限り速やかに添削するとも言ってある。

教師に対する恨みや妬みで気が狂いそうになっている 3l38O5jk0 や bt6X0eYg0 等は、何が何でも、全て私が悪いことにしないと気がすまないのだろう。**こういう恥知らずなモンスターたちがこのまま増殖し続けたら、日本のほとんどの大学でまともな授業を行うのは不可能になる。本当に憂鬱である。**

「嫌儲〟ネトウヨ」と「文科省」と「超ワカリヤスイ講師」はお友達　二〇一六年七月七日

以前、シッカリ指摘したように（本書184頁参照）、私は「反知性主義」という言葉の乱用は避けるべきだと考えているが、「嫌儲民」の一部についてだけは〝反知性〟という言葉がしっくりくるような気がする。自分たちが複雑な文章を理解できず、学問的な議論についていけないことを素直に認めようとせず、逆に、自分たちに理解できないものは〝無意味〟だと決め付け、自分たちにとって〝無意味なこと〟を論じたり教えたりすることを仕事にする学者や教師を糾弾しようとするその傾向は、まさに〝反知性主義〟そのものと言っていい。

彼らは、「嫌儲」を標ぼうしているくせに、〝金になる研究〟をやっている理系の学問は何となくリスペクトしている風を装いたがる。中には、理系の学生・研究者を装って知ったかぶりをする者もいる。そして、（彼らの妄想の中の）〝理系〟との対比で、文系の学問は役立たずだと罵る――理系の研究が文系よりはるかに多くの予算を必要とするのは確かだが、費用をかけたからといって、その支出に見合う成果が出るとは限らない。文系の学問の中でも、難しさの象徴と思われている「哲学」や「思想史」を専門にしている学者は、特にひどく罵られる。

マスコミや野党の自民党・財界批判にしばしば便乗し、日本人をJap、日本をJaplandと呼んで蔑む「嫌儲民」は左翼と見なされることが多いが、先に述べたような〝反知性〟的な傾向は、むしろ「ネトウヨ」に近い。ネトウヨは自分たちの脳内で、［人文系の学者＝日本を害するサヨク＝国家予算の無駄遣い］という雑な等式を作り上げ、人文系の学者を罵倒したがる。以前言及した（本書81頁参照）、新潟の自称保守思想家は、よく分かっていないのにハンナ・アーレントの名前を持ち出して、全体主義を産みだしたのは、反国家的な思想を持つ学者などの知識人であることをアーレントは喝破していたと主張し、有名な大学教授を下品に罵る文章を書き続けている。

〝書評家みっちゃん〟

最近、私がその手のネトウヨから受けた新たな被害を紹介しておこう。一〇年前に出した拙著『集中講義！　日本の現代思想』に対して、「みっちゃん」というふざけたハンドルネームの人物が、アマゾン・レビューに、「下品で浅はか……」というタイトルのレビューもどきを掲載した。**何が「下品で浅はか」なのかと思って読んでみると、何ということはない。私が「あとがき」の最後に書いた、「（「神の国」の大先生の御膝元にある）金沢大学角間キャンパスにて」というフレーズが気に入らないだけのことだったようである。「これは明らかに森元総理に対する揶揄だ。一国の総理大臣を務めた人に対しては敬意の表し方というものがあるだろう。それを理解していない著者は下品で浅はかだ。自分を何様と思っているのか、駅弁大学の教授の分際で」、というわけだ。この最後のフレー**

ズ以外は読んだ痕跡がない――全然理解できなかったのかもしれない。

『神の国』の大先生」程度の皮肉にひっかかって著者をこれだけ侮辱し、総理大臣という地位を神聖視する「みっちゃん」が、ウヨク的な思想傾向を持っているのは間違いないが、この人間は、自分に日本の「古き良き伝統」を語る資格があると思っているのだろうか。自分は匿名のまま、他人を「駅弁大学の教授の分際で」と罵ることが「古き良き伝統」に適った行為だと信じているとしたら、狂人である。

「みっちゃん」のバカな言動はこれだけに留まらない。「今どき、『哲学』や『思想』とかやっていて、恥ずかしくないのですか。悔しかったら、もっと社会の役に立つ学問をやってみなさい。」と、恥ずかしげもなく言ってのける。たまに、こいつのように、「今の時代に哲学をやるなんて……」式のことを言う人間を見かけるが、一体どういうつもりなのか？「哲学」が直接金銭的利益に繋がらないというのは、哲学が始まった時からずっと言われていることだし、哲学を教えている大学の教師以外で、「哲学」を学んで何か現実的な利益があると思っている人はほぼいない――大学の哲学教師もそれほど稼げる商売ではない。知的好奇心があるから、「哲学」を学んでいるのである。「みっちゃん」や「嫌儲民」のような輩は、まともな職業に就いたことがないうえ、知的好奇心も皆無なので、見当外れなことを言ってしまうのだろう。

「みっちゃん」はレビューもどきの最後に、「読んでみたが実にくだらなかった。『思想』とはしょせんこんなものかと思った」と書いているが、何がどうくだらなかったのか全く書いていない。やはり、何がテーマなのかさえ理解できなかったのだろう。自分が理解できないのを強引に著者のせ

いにしようとする安直な発想が、嫌儲民と同じである。

「みっちゃん」の文章は明らかに、レビューではなく、私に対する誹謗なので、本人に抗議したが返答がなかった。それでアマゾンのカスタマー・サービスに連絡して、削除してもらった。アマゾンはひどいレビューでも削除を渋ることが多いが、「みっちゃん」の場合、書評でないのが一目瞭然なので、結構速やかに削除された。それで私に対するレビューもどきは現時点では閲覧できないが、哲学系の本に対する「みっちゃん」の執念深い言いがかりは、ウヨクの〝反知性〟的態度の典型であり、その意味で興味深い。他の人の本に対する、「みっちゃん」による〝レビュー〟をいくつかを紹介しておこう。

〝みっちゃん〟という病

「みっちゃん」は、二〇一二年八月から、アマゾン・レビューを書き始めている。最初の内は、自分の頭が悪いので難しい議論は分からない、と認める素直そうな態度も示していたが、次第に開き直って、自分に理解できない、関心を持てない本を書く著者が悪いと責任転嫁するようになっていく。『現代思想』の二〇一五年二月号（特集＝反知性主義と向き合う）に対して、「みっちゃん」は「はっはっは」というタイトルで、以下のように書いている。

読んでもないのに批評するが、安倍政権を反知性主義だと言いたいんだろ？

安倍政権の実力者たちは、首相が成蹊、副首相が学習院、官房長官にいたっては高卒の集団就職で上京し、法政大学で学んだ人物だ。新聞記者やマスコミ関係には東大をはじめとする高学歴者が多い。その連中と話していると政府首脳に高学歴者がいないことに侮蔑感を持っているのに、驚きながら、さもありなんと思う。彼らは悔しいのだ。そこで「反知性主義」ときたのだ。自分たちに知性があるとでも思っているのかい。何千人も合格する日本の「一流大学」を卒業したから知性的だと思っているのかい。笑止千万だよ。東大卒の鳩山、東工大卒の菅、彼らの無能力さを見れば、「知性」に対してうんざりするのが当たり前だろう。新聞、出版関係者たちよ、批評ばかりしていないで、何でもいいから「実業」に携わってみろよ。さて、悪口書いた後で、購入して読んでみるかな。多分、的外れの悪口ではないだろう。

読まないで妄想で書いている時点で、まともな論評に価しないのだが、文章がひどすぎて何を言いたいかはっきり分からない。新聞記者やマスコミ関係者が「悔しい」というのは、どういう意味だろうか？　自分たちこそ、首相や閣僚になってしかるべき、と思って悔しがっている、ということなのだろうか？　それとも、自分たちと同じ東大ＯＢが首相や主要閣僚になるべきだと思って悔しがっている、という意味か？　東工大は一流大学で、法政や学習院は二流以下と言っているように見えるが、何を基準に線引きしているのか？　いずれにしても、かなり不自然である。「その連中と話していると……」と言っているが、「みっちゃん」のような、意味不明のおかしな日本語を書く人間に、一流大学のエリートの友人がたくさんいるのだろうか？　――具体的にどこに務めるどういう立場の人なのか書いていないので、妄想の友人ではないかという気がする。仮に、そういう奇妙な嫉妬心を抱く一流大学ＯＢのマスコミ関係者が多数いたとしても、それと、『現代思想』の特集の間にどういう関係があるのか?「みっちゃん」は、〝一流大学のＯＢたち〟が、自分たちのエリート意識を保つために何かの巨大ネットワークのようなものを作っているとでも思い込んでいるのだろうか?

法哲学者の井上達夫氏の『リベラルのことは嫌いでも、リベラリズムは嫌いにならないでください』（毎日新聞出版）に対しては、「哲学」という言葉に脊髄反射しているだけとしか思えない、言いがかりを書き連ねている。タイトルは、「『哲学者』よ、責任を取れ」である。

１１７ｐで著者は「（マルクス主義の搾取という概念の）前提となっているのは労働価値説。（中略）その基底にある労働価値説がめちゃくちゃだから、ぜんぜん説得力がない」と簡単に切り捨てている。おいおい、そんなことでいいのか。あんたは簡単に切り捨てるが、当時、多くの人たちが、それもインテリと称し、称された人たちが資本とか、労働とか、搾取とか偉そうに振り回していたではないか。「哲学者」に主導されて。反面で「労働価値説」を理解しようとして、多くの人たちが苦労し、「俺には理解できない、俺の頭が悪いからだろう」と絶望し、旧制高校生で自殺した人物がいたという。同業の「哲学者」として責任を取ってくれよと言いたい。要するにあんたらの頭が悪かったのだろう。観念論と抽象論で訳の分からぬ検証不能の議論を振り回す、今も昔も変わらぬ姿勢には反吐が出る。文科省が国立大学の人文科学学部を削減するというが、僕は賛成だ。だいたい、労働価値説など、なぜ当時の数学者が関与しなかったのだろう。そうすればアラン・ソーカルや、ジャン・ブリクモンに先行できたのに。

こいつの頭の中はどうなっているのだろうか。腐っているとしか思えない。本の主題とほとんど関係のない、一か所でごく簡単に触れられているだけの言葉に食ってかかっている。本気で書いているとすると、「みっちゃん」は、日本の全ての「哲学者」が「労働価値説」を教条的に信奉し、大学という機関を利用して洗脳教育を行い、多くの若者を苦しめてきた、と考えていることになる。どうやったらそういう大げさな妄想が生まれて来るのだろうか？「みっちゃん」は大学での学生生活と縁がなかったせいで、大学の文系学部では、かつてのソ連や北朝鮮のようなすごいことが行われているかのような妄想を抱いてしまったのだろう。ちゃんと大学に通ったことのある人間なら、**「人文科学学部」**などというおかしな表現は使わないだろう。数学が「労働価値説に関与する」というのは、どういう意味だろうか？「みっちゃん」は、労働価値説がもともとアダム・スミスの説で、マルクスはむしろそれを批判したということなど聞いたこともないのだろう。ついでに言っておくと、ソーカル／ブリクモンの本と、「労働価値説」の間に何の関係があるのか？いろんなところで仕入れてきた、うろ覚えの知識をつなぎ合わせているのが見え見えである（本書137頁〜参照）。そこで述べたように、ソーカル信者には、ソーカルという偉い物理学者やそのエピゴーネンのご託宣に盲従しているだけの輩が多いので、「みっちゃん」が突出してひどいというわけではないかもしれない。

私は別に『現代思想』の特集の内容や井上氏の議論に賛同しているわけではないが、「みっちゃん」の文章はあまりにも常軌を逸している。他の〝レビュー〟でも、著者を強引に、哲学者／非哲学者（＝現場を知っている人）に分類して、内容と関係なく罵ったり持ち上げたりしている。アマゾンのレビューには、この手の支離滅裂なネトウヨやネトサヨがしばしば出現する。

〝みっちゃん〟を生む背景

嫌儲民や「みっちゃん」のように、自分の頭の悪さを棚に上げ、全ては教師のせいと断言する輩が増えている一因に、文科省の政策や、それを後押しした〝良心的な教師たち〟の影響があるのではないかと思う。ゆとり教育を強力に推進していた時期の文科省は、それと連動して、子供には潜在的に学ぶ意欲があるので、教師にはそれを引き出してやる、つまり勉強が面白いと〝自発的〟に感じ、〝主体的〟に学ぶ姿勢を身に付けさせてやる責任がある、という言説を広めるようになった。〝子供思いの教育評論家〟とか〝カリスマ教師〟と呼ばれる人たちがそれに同調した。幼稚園とか小学校くらいなら、全ての子供にそういう意欲があるという想定の下で教育をするというのは分からないでもないが、私が大学教員になった一九九八年頃には、大学教育でも、〝学生の潜在的な学ぶ意欲〟を引き出すことが必要だと言われるようになった。

大学生は少なくとも一八歳にはなっている、「大人」である。高校までの教育で、〝主体的に学ぶこと〟の意義を見出しているという建前のもとで、大学に入学しているはずだ。そういう人間の学習意欲をどうやって、赤の他人が引き出せばいいのか？（精神年齢は別として）幼稚園の園児や少学校の児童ではないので、強制的に学習行動をとらせることはできない。ほとんどの大学教員は、無茶なことを言われていると感じたはずである。しかし文科省や、そのお先棒を担ぐ〝リベラルな教育評論家〟たちがどんどん圧力をかけてくるので、何とかしなければならなかった。そこで、教室でギターを弾いたり、スポーツや芸術の特殊技能を活かしたパフォーマンスをやったり、芸人さんの真似をしたり、身近なテーマと称して恋愛とアニメを素材にしたりするといった〝工夫〟で、学生にウケる先生がいると、それをモデルとして、みんなそれに見習え、という風潮が生まれてきた。サンデルの白熱教室をきっかけに注目されるようになった参加型講義や、その拡張形態であるアクティヴ・ラーニングなども、そうした流れの中に位置付けることができる。

『集中講義！ 日本の現代思想』
（NHKブックス、2006年11月）

誤解のないように言っておく——誤解したくて仕方ないバカは、以下を読み飛ばしてしまうだろうが。私は大学生の基礎学力が低いことを嘆いているわけでも、**大学教師が補習のようなことをやるべきではないと主張しているわけでもない。高校までの教育のカリキュラムに「ゆとり」を持たせたことが間違いだと思っているわけでもない。全ての人間に、「潜在的学習意欲」があり、教師が無能でなければ、その意欲を引き出せるという**

想定を、大学教育にまで持ち込もうとするのが、勘違いだと言っているのである。本人が、勉強して自分の視野を拡げよう、理解できないテクストを理解できるようになりたい、という意欲を持たない限り、教師にはどうしようもない。どんなに巧みに説明しても、意欲のない学生が居眠りしたり、携帯いじりを続けるのであれば、どうしようもない。芸人さんのリアクション芸のような真似をすれば、瞬間的に目を覚まさせることはできるかもしれないが、真面目な学問的な話に移ったとたんに、また関心を失ってしまうのでは意味がない。そもそも大学に出てこない学生には影響を与えようがない。アクティヴ・ラーニングには、グループでの共同作業や討論に主眼を置くものが多いが、最初の班分けの時に、大学に出てこない人間、他人とまともに会話ができない人間を複数含むグループを作ってしまうと、面倒なことになる。そういう人間がかなりの割合で存在するため、〝全員がイキイキと学んでいる〟状態を作るのが不可能だと認めたうえで、それぞれの大学・学部・学科の特性に応じた、できるだけきめ細かい指導をする、ということであれば、全く異論はないのだが、文科省の役人やそのお先棒かつぎたちは、そういう現実を無視して、ごく一部の〝うまくいったケース〟をモデルにして、一律の方針を全大学に適用しようとする。だから、とんちんかんなことになるのである。

〝反知性主義のモンスターみっちゃん〟

そうした文科省のおかしなやり方に、進学校の名物教師、予備校のカリスマ教師、「世界一分かりやすい[redacted]入門」などの本を書いて注目されるライター、メディアによく登場する評論家などがしばしば同調する（注）。**この種の人たちの一部には、大学の教師に強い対抗意識を抱いていて、機会があるごとに、大学生が勉強する気にならないのは、教師が下手だからだ、地位にあぐらをかいていてやる気がないからだ、と決めつける傾向がある。**影響がある人が、大学教師をこきおろすと、知識人に対してルサンチマンを抱いている人間にとっては快感である。だから、喝采を受ける。嫌儲民、ネトウヨ、ソーカル信者などがしばしば口にする、「二行（ｏｒ　三行）で簡潔に表現できず、長々と文章を書くのは、その学者が無能だからだ」、というフレーズは、これらのカリスマたちから借用したものだろう。

　言わずもがなのことだが、予備校生は大学受験に合格するという目的があるので、高い合格実績を挙げている予備校教師の言うことを注意して聞くし、「世界一分かりやすい[redacted]入門」を読む人は、それが自分の知的水準に合っていて、しかも（内容がかなり薄いおかげで）簡単に〝分かった気〟にさせてくれるから〝感動〟するのである。大学での勉強はそういうわけにはいかない。どんな学問でも基礎を身につけるには、それなりに面倒くさいこと、なかなか興味を持てないことに、一定期間我慢して取り組まねばならない。その分野で何年かに一度という天才でない限り、最初から全て面白くて仕方ない、などということはありえない。**大学の教師が、予備校の先生ほど教え方を工夫していないことは私も認めるが、教える側と教えられる側の関係が根本的に違うことを無視して、大学教師無能論を叫ぶのは、プライドだけ高い怠け者の言い訳にすぎない。**

　嫌儲民やネトウヨはその〝基本的な立場〟からして、文科省やカリスマ講師、超入門系のライターなどを嫌う傾向が強いと思われる。嫌儲民にとっては、文科省やカリスマ講師等は拝金主義の権化であろうし、ネトウヨにとっては、日本を文化・教育面から破壊する売国奴であろう。しかし、**ひたすら難しいテクストを嫌い、複雑な論理を操る学者を無能扱いし、あらゆる問題に対して、「二行での簡潔な説明」を要求する彼らの〝反知性〟的な言動は、文科省やカリスマ講師たちが作り出した風潮の尻馬に乗っているとしか思えない。**「みっちゃん」は言葉遣いから六〇歳以上であるようにも思えるが、年寄りでも、学者・知識人をこきおろして溜飲を下げようとする安易な風潮に無自覚的にのっかっている輩は珍しくない。文科省や、売れっ子講師・ライターを批判しているつもりで、どんどんその感化を受けていく、自称ネット論客が増えている現状は、本当に憂鬱である。

（注）この箇所に関して、私が林修氏や池上彰氏を念頭に置いていると勝手に決めつけた2ちゃんねらーがいた。見当外れである。具体的に念頭に置いていたのは、私が現実に被害を被ったことがある、数名の予備校教師やサイエンス系のライターなどである。文系不要論的な暴言を吐いて注目を集めたがる輩である。池上氏や林氏が文系不要論的なことを言っているという認識は、私にはない。

孤独老人に迷惑な妄想を語らせて金儲けしようとするアマゾン・ジャパン　二〇一六年八月二日

前回、アマゾン・レビューに掲載されていた「みっちゃん」と名乗る、結構な年齢の老人らしい人物による、拙著『集中講義！　日本の現代思想』や、他の哲学・思想系の本に対する、内容と全く無関係なレビューもどきのことを話題にした。「みっちゃん」は、哲学、特に現代思想に対して強いコンプレックスがあるようで、本を読まないまま、哲学・思想系の著者に対して根拠のない妄想だらけの誹謗中傷を書き連ねている――「レビュー」がどういうものか分かっていない。

彼は、自分が哲学・思想書を理解できないのを、著者のせいにしたくて仕方ないようである。ソーカル＋ブリクモンの『知の欺瞞』を持ち上げるかのようなレビューもどきも書いているが、大多数のソーカル信者がそうであるように、どのように批判したのか全く理解していない。ソーカルがポストモダンを徹底批判しているらしいとどこかで聞いて、飛びついただけだろう。彼は、**ソーカルのおかげで、自分が哲学を理解できないのは自分の頭が悪いせいではなく、哲学者が無意味な言葉を使っているせいであることが分かった、感謝しているなどと述べているが、こんなことを恥ずかしげもなく言えてしまうこと自体が頭の悪さの証拠である。以前問題にした**（本書137頁参照）、**頭が**

悪いくせに自信満々で居丈高なソーカル信者の典型である。

やはりタダ者でない〝みっちゃん〟

『集中講義！　日本の現代思想』に対する「みっちゃん」のレビューもどきは、本の内容と関係のないルサンチマンの羅列であることが明らかなので、アマゾン・カスタマーサービスに連絡して削除してもらったが、「みっちゃん」は性懲りもなく、本の内容と関係ないレビューもどきを新たに書き込んできた。新たな書き込みがあるたびに、その都度連絡して削除してもらっていたが、その内、アマゾンが削除に応じなくなった。「木島」という担当者名で、以下のような〝返事〟を送って来た。

Amazon.co.jp のカスタマーレビューは、お客様の自由な意見を発表できる場を目指しているため、ときに批判的なレビューが掲載される場合もございます。しかしながら、批判的でありながらも、それがカスタマーレビューガイドラインに抵触しないと判断される場合には、非掲載にさせてはいただいておりません。今回のレビューに関しましても、確かに辛口（批判的）な表現のレビューではございますが、ガイドラインに抵触していないため掲載というのが、当サイトの意見でございます。

Amazon.co.jp では商品を販売する一方、充実した商品情報の一環としてカスタマーレビューを投稿してくださる方の声を、感謝の気持ちを持ってサイトに掲載させていただいております。

必要に応じて文章を非掲載または編集する場合もございますが、あくまでもガイドラインに則して判断しております。また、批判的なカスタマーレビューもまた読者の感想として広く受け入れていく方針でございます。

一見丁寧な返事の文章のように見えるが、これはアマゾンのカスタマー・サービスが、悪質なレビュアーをかばう時に使うテンプレート（ひな形）の文章のコピペである。「木島」は、おざなりな反応をしているだけである。アマゾンのひどい中傷レビューに抗議して削除を依頼した、他の多くの著者や編集者が、「木島」名でこれと全く同じ文章を受け取っているようである。ネットで検索すれば、そうした実例はすぐに見つかる。

無論、「みっちゃん」のレビューもどきが改善されて、本の中身に対する批判になったというわけではない。相変わらず、中身と関係のない、哲学もしくは哲学者に対するルサンチマンの表明である。表面的に、私個人を名指しした悪口が目立たなくなったので、自分のやるべき仕事をちゃんと理解していない「木島」が、「批判的レビュー」と思い込んだのかもしれない。しかし直接的に「駅弁大学教授の分際で、仲正は……」などという表現を使っていないとしても、本の内容と関係なく、著者を人格的に攻撃するのは「レビュー」ではない。アマゾンもガイドラインで、本の内容と関係のない著者個人に対する人格攻撃は、削除の対象にしているはずだ。現在、ａｍａｚｏｎに掲載されている「みっちゃん」のレビューは以下の通りである。

何度書いても消される。誰が消すのか不思議だ。七月一六日の朝日新聞朝刊には「瀬戸際のリベラル」という欄があって五野井郁夫という高千穂大学教授が参院選で敗北した野党共闘を励まし、「時間が経てば若い世代が勝つ。なので、自民の後継者たちにとってやりやすい足場を作らせないことが、これからの野党の側、リベラルの側がすべきことです」と主張している。ところで、仲正昌樹に聞くが、民進党はリベラルなのか。いったいリベラルとは何か。要するに哲学者とか政治学者とかの議論は、議論の中の語句の定義そのものが怪しいのである。怪しいのを糊塗するために、わざわざ物事を小難しく述べる。「現代思想」なんてちゃんちゃらおかしい。「哲学」なんてちゃんちゃらおかしい。正直言うが、僕の周辺には（侮らないで欲しい。中居や五野井程度の学歴を有するものばかりだ）「哲学」や「思想」を述べる者は一人もいない。「哲学」や「思想」を偉そうに語る者は、かえって出来のよくなかった文学かぶれの連中に多い。実存主義が大流行した時代に、黒いセーターを着た若者がサルトルの本を小脇に抱えていた。この本は、そのセーターのようなものだ。

これのどこが『集中講義！　日本の現代思想』に対するレビューになっているのか？　どうして、五野井氏の朝日新聞でのインタビューにおける「リベラル」論が、私の本と関係あると思えてしまうのか？　「みっちゃん」や「木島」はどういう思考回路になっているのか？　念のために言っておくと、五野井氏の名前も、リベラル論も、『集中講義！　日本の現代思想』には一切出てこない。私は五野井氏と一切個人的に面識がないし、彼の本や論文についてコメントしたこともない。恐らく、五野井氏と私の政治・社会思想はかなり異なっているし、仲正と同類扱いされたと聞いたら、彼は迷惑がるだろう。

五野井氏と私の共通点を強いてあげれば、ＮＨＫブックスから本を出していることと、東大駒場の大学院を出て、現在、大学教員をしていることくらいだろう。そんなのは、思想的・学問的共通点とは到底言えないが、学歴コンプレックス＋哲学コンプレックスの塊である「みっちゃん」からしてみれば、常にぐるになって行動している〝お仲間〟に見えるのかもしれない。

「みっちゃん」は、「正直言うが、僕の周辺には「哲学」や「思想」を述べる者は一人もいない」などと言っているが、彼のようにまともに大学に通ったこともなく、妄想で哲学者の悪口ばかり言っているような人間の周囲に、「哲学」や「思想」を語る人間がいないのは当然である。彼はいくつかの〝レビュー〟で、自分が朝日新聞などの記者や腕利きの弁護士、大企業の経営者と知り合いであるかのように言っているが、話に具体性がなく、それらの〝知り合い〟の発言なるものも支離滅裂なので、多分、彼の妄想の中にしか存在しない〝エリートのお友達〟なのだろう。どこの〝エリート〟が、哲学や現代思想に関わる研究者の悪口をネットに書き込んで自己満足してるような、迷惑老人とお付き合いするだろうか。

「侮らないで欲しい。中居や五野井程度の学歴を有するものばかりだ」という但し書きも意味不明だ。彼が「学歴」と言っているのは、どこの大学を卒業したのかということなのだろうが、研究者にとっては、出身の学部がどこかよりも、博士課程を出て博士号を取得しているかどうか、それがどの分野の博士号か、その博士論文は専門家からどう評価されているかが重要である。仮に、彼のお友達に、東大とか早慶の法学部を卒業して、大企業の重役をしている人が一人くらい実在するとしても、その人が哲学や思想について語らないからといって、哲学や思想史を研究している学者には、何の関係もない話だ。もともと関係のない人が、何に関心を持っていようと、知ったことではない。大企業の重役であれば、個人的には哲学・思想書を愛読していても、人前でそれらの本の内容について頻繁に語る機会はあまりないと私も思う。まともな社会経験のない「みっちゃん」には、そんな当たり前のことも想像できないのだろう。

細かいことだが、どうして私の名前を「中居」と間違えたのだろう。「中居」という苗字の同業者らしき人のことはあまり聞いたことがない。老人が、「仲正（なかまさ）」という読み方を覚えられないで、中本とか中村と言い間違えるのはたまにあることだが、「なかい」に間違えられたことはない。「中居」と言うと、普通の人は、ＳＭＡＰの中居正広のことを思い浮かべるだろう。あまり教養がなくて、情報のソースもかなり限定されていそうな「みっちゃん」のことだから、ＳＭＡＰが出演している番組を見て、イキイキと司会している中居正広に嫉妬している内に、「なかい」という音が何となく記憶に残っていて、それが「なかまさ」と結合してしまったのかもしれない。だとすると、早急にその方面の専門の医者に診てもらうべきである。

アマゾンは〝みっちゃん〟の繁殖地

いずれにしても、本の内容と全く関係のない不平不満を述べたうえで、その本の著者を「出来のよくなかった悪い文学かぶれ」呼ばわりするのは、アマゾンの利用規約にも違反しているはずである。「木島」にその旨を再度伝えたが、先ほどのコピペ文書を再度送ってきただけで、話にならない。それで、公開されている、アマゾン・ジャパンのJasper Chen社長宛てに抗議のメールを送った。日本語を読めないであろう社長が、全てのメールに目を通しているとは思っていなかったが、社長直属の部署の者が目を通しているのかもしれないと多少は期待してメールした。しかし、返事は、「木島」と同じアマゾン・カスタマーサービスの「山本」と名乗る人物から来た。しかも、「木島」と同様に下の名前はなしで、役職名も名乗らない——アマゾンの社員は、個人情報だと称して、苗字と大ざっぱな所属部署しか名乗らない。その内、担当が、カスタマー・サービスのリーダーだという「照井」という人物に替わった。「照井」は、抗議の問い合わせをしてくる著者や編集者に対して、木で鼻を括ったような無礼な返事をするということで悪名高い人物である。「木島」も「山本」も「照井」も実在しない人物で、アマゾン・カスタマーサービスが、抗議してくる相手を疲れて諦めさせるために使い分けている単なる記号の可能性すら少なくないし、Jasper Chenという名前の人物も、一応実在しているものの、実体は、「社長自身がみなさんからの疑問にお答えします！」というポーズを示すためだけの記号のようなものかもしれない。Jasper Chen宛てにメールしても、誠意のある返事は返って来ず、〝返答者〟の名前が替わるだけにすぎないことは、ネット上で何人もの人が指摘している。

アマゾンとしては、「みっちゃん」のような悪質な老人に、本を購入するのと引き換えに、本の内容と関係なく、悪口オンパレードのレビューもどきを書ける場を提供し続ける方が儲けになる、という判断なのだろう。そういう無節操なやり方で利益を追求する外資系企業のおかげで、愛国者のつもりの「みっちゃん」が、日本の哲学・思想史研究者への悪口を公表する場を確保し、自己満足しているというのは何とも皮肉な事態である。

2ちゃんねるの嫌儲板などには、「みっちゃん」とは逆に、研究者を装って、私のように多くの本を出している大学教員を誹謗したがる輩がいるが、そうした連中については、別の機会に論じたい。

『噂の眞相』ごっこが大好きな2ちゃんねらーたちの〝学者〟幻想

二〇一六年九月一日

かつて『噂の眞相』という左翼系のゴシップ雑誌があった。政界・財界・ジャーナリズムの大物とか芸能人・大手芸能事務所の幹部に関する「黒い噂」をオブラートに包まずに掲載するのを売りにしていた。偶に、マスコミでも名前を知られている学者もやり玉に挙げられることがある。学者関係の記事でよくあるパターンは、「気鋭の学者として売り出している〇〇であるが、専門である△△学関係の評判は芳しくない。研究者のA氏曰く、『〇〇の業績なんて誰も認めていません。彼はコネだけでのし上がったようなものなのに、謙虚さがなく威張り散らしているので、鼻つまみ者ですよ』……」というように、匿名の研究者A氏、B氏を登場させ、研究者としての資質を疑うよう誘導するというものだ。

無論、A氏やB氏が本当に書かれている通りの発言をしたのかどうか分からないし、その人たち自身が研究者としての職に就いてちゃんとした仕事をしているという保証はない。実在するかさえ怪しい。仮に一定の地位のある学者として実在していて、実際にその通りの発言をしたとしても、**自分の名前を隠したまま、商業メディアを利用して、同業者を誹謗して憂さ晴らしするというのは、学者として極めて恥ずべき行為である。**〇〇氏よりも自分の方が学者としてダメな奴だと自白しているようなものだ。学問的に批判したいのなら、論文など一定の形式を備えた文章で、自分の名前を表に出して指摘すべきだし、学問的にどうのこうのということではなく、○○氏の存在が気に入らないという話なら、無視するか、酒の席などでの悪口程度にとどめておくべきだろう。

そんなことは、学者であれば当たり前の話だが、指導教官から評価されない院生とか、院生にさえなかなかなれないで悶々としている学生、学者一般に対して何等かの理由でルサンチマンを抱いている一般人などは、この種の記事を読むと、何だか溜飲が下がったような気になるようである。学者の世界のスターと、自分の間の距離が縮まったように思えて、考えようによっては、自分の方が上に思えて快感なのだろう。無論、心の中でそうした記事に共感したり、ごく親しい友人との口頭の会話でちょっと口にするだけなら基本的に問題ない。しかし、その記事の内容を鵜呑みにし、それをコピペした文章をネット上に——自分自身も匿名で——書き込んで拡散するようになると、問題である。ソースの分からない記事を鵜呑みにして他人を〝批判〟するような人間には、研究者を名乗る資格はない。本人がダメになっていくのは自業自得だが、○○氏や彼と一緒に仕事をする人にとっては、迷惑である。

フール・オン・ザ・2ちゃんねる

『噂の眞相』は十数年前から〝休刊状態〟になっているが、2ちゃんねるなどでは、同業者を装って、ある程度世間的に名前が知られている学者の悪評を流して喜んでいる輩をしばしば見受ける。それを真に受けてコピペする、出来の悪い〝学者の卵〟〝院生崩れ〟〝学歴コンプレックス人間〟もいる。私も時々被害を受ける。嫌儲板に七月三日に立った「金沢大の仲正教授「嫌儲民は反知性主義でネトウヨと同類」嫌儲ｖｓ仲正ラウンド３」というタイトルのスレッドで、ID:wOQb26SNdという人物が、以下のような書き込みをしている。

仲正は政治思想界隈では誰も相手しない糞本しか出してないから、読まないが吉
哲学畑での評価は知らん

「誰も相手にしない」というのは、匿名のA氏、B氏がよく使うフレーズである。曖昧なので、何とでも取れる。wOQb26SNdのように根性の腐った輩なら、目いっぱい悪い方に取ろうとするだろう。wOQb26SNdがどこかの大学で教職・研究職に就いていないのであれば、私の評判に関してちゃんとした情報を入手できるとは考えられない。又聞きの又聞きの……又聞きに違いないのだ。仮に自分の指導教官などから、「仲正の本など読む価値はない！」と言われたとしても、どうして読む価値がないのか尋ねたのだろうか？　ちゃんと尋ねて何等かの具体的な答えを引き出したのなら、それらしいことを書いているはずだ。

また、実際、どこかでそうした発言を耳にしたとしても、自分で確かめようとせず、鵜呑みにしたのであれば、wOQb26SNdには研究者になる資格がない。もし仮に、wOQb26SNd自身が大学教員だったとしても、先に述べたように、彼自身が私以上にダメな学者であると自白しているような

ものである。恐らく、wOQb26SNdは、大学院生にさえなれないダメ学生で、自分の願望を書き込んだだけだろう。

wOQb26SNdの正体はさておいて、「誰も相手にしない」というフレーズをそれなりに真面目に受け取ると、他の学者が自分の著作・論文で仲正のことに言及しないとか、仲正と一緒に仕事をしようとしない、という意味に取れる。そう思うのであれば、実際そうなっているのか確かめるべきである——もし、wOQb26SNdが院生であれば、調べるのは簡単なはずだ。wOQb26SNdの言い分通り、「誰も相手にしていない」のが本当だとすると、注で私の本に言及していたり、私が寄稿している本の共著者などになっている政治思想史・政治哲学の研究者はみな相手にする必要のないクズということになるだろう。

同じスレッドに、ID:X39DfVJQ0という人物が一二回にわたってしつこく書き込んでいる。こちらの方はドイツ系の思想史の研究者を装っていて、ある程度具体的な中身らしきことを書いているが、専門的知識があやふやで、プロの眼でみれば、はったりであることがすぐばれる。この人物はどういう訳か、改行の後に一〇行分くらいのスペースを空けているが、こいつの頭の中の空白を象徴しているようにも見えて笑えるのである。そのままだとあまりにも読みにくいので、スペースを詰めて引用しておこう。３７０番の書き込みで、以下のように述べている。

つか、こいつ自身哲学バカにしまくってるんだよなあ
シュミットとかベンヤミンとかドイツ現代思想の入門書と、モデルネの葛藤と、危機の詩学し

か読んだことないけどさ
カントもヘーゲルもニーチェもアドルノもまともに読んでないしちゃんと読む気もないのが本当の本当に見え見えで、大学の先生がこんなんでいいのかと

この言い方だけだと、適当に哲学者・思想家の名前を並べて、仲正が勉強不足だという印象を嫌儲板の住民に与えたい、という ID:X39DfVJQ0 の『噂の眞相』的な願望の現れとしか取れない。そういう主旨のことをスレッド上の他の人物に指摘されて、ID:X39DfVJQ0 は３８８番で、以下のように述べている。

少なくとも、モデルネの葛藤の結論には至らないだろうなってかあれ当時ドイツで持て囃されてたメニングハウスのほぼパクリだろ
もう内容忘れたけど
入門書では明白に古い哲学者やその読者と研究者をバカにして笑ってる記述が多々あるよ
まあ、講義をそのまま本にしたものだから本人としては授業を進める潤滑油ぐらいにしか考えてないんだろうけどそれでも見せちゃいけない好きだったという気がするな

分かりやすいところからコメントしておこう。後半の「明白に古い哲学者やその読者と研究者をバカにして笑ってる記述が多々あるよ」→「本人としては授業を進める潤滑油ぐらいにしか考

えてないんだろうけどそれでも見せちゃいけない好きだったという気がするな」」というのは、何を言わんとしているのか？　ある哲学者とその読者が、今となっては到底通用しないような古い考え方を金科玉条のように、何の疑問もなく信奉しているとしたら、それを皮肉って何が悪いのか？　ID:X39DfVJQ0は、昔から権威ある哲学者を批判するのは、冒涜であり、許されないとでも思っているのか？　仮に、私がその哲学者の言説をよく理解しないで素人的な理解をしていたり、単に古いというだけで時代遅れ扱いしているのであれば、私の方が批判されてしかるべきだが、それは具体的に誰のどういう言説をどう皮肉っているのか具体的に指摘しないと無意味である。また、カントとかマルクス、ハイデガーなどが、あるところで今となっては取るにたりない素朴な議論をしていても、別の所では今から見ても極めて示唆的な議論をしているというのは、よくあることだ。まともな哲学・思想史研究者であれば、特定の哲学者を、安易に全否定したり全肯定したりしない。この書きっぷりからすると、ID:X39DfVJQ0はそういう基本的なことさえ分からないくらい幼稚な奴のように思える。

拙著『モデルネの葛藤』（御茶の水書房）が、メニングハウスの著作（『無限の二重化』）のパクリだという件についてであるが、これは、自分で論文を書いたことのない人間による雑な断定であるとしか思えない。そもそも、「パクリ」とはどういうことか分かっているのか？　意味が分からないまま、学術論文に関して「パクリ」という言葉を使いたがる2ちゃんねらーが多いので、少し説明しておこう。一番悪い意味での「パクリ」は、小保方さんの博士論文をめぐって問題になったように、他人の著作・論文のほぼ全部または一部を、自分のオリジナルな文章であるかのようにコピペすることである。本文や注で該当箇所を、出典を明示したうえで引用しているのであれば、この意味での「パクリ」ではない。

私はこの意味での「パクリ」は全くやっていない。学者の間では、一応引用という形を取っていても、その引用が異様に長かったり、ごく一部だけ引用しているような体裁を取りながら、実際にはその引用元を細部だけ変えてリライトしたものと見なされるのであれば、広い意味で「パクリ」という言い方をする時もある。しかし、メニングハウスと私ではテーマ設定が異なっているので、彼の本を全体的に「パクル」ということは不可能である。そんなことは、見る目がある専門家が、『モデルネの葛藤』と、法政大学出版局から邦訳が出ている『無限の二重化』の目次を見比べれば、それこそ一目瞭然だ。ID:X39DfVJQ0は、どちらも自分で読んだことがないに違いない。恐らく、どこかの嫉妬の塊のような 独文学者が、「仲正さんの本なんてメニングハウスのぱくりじゃないか」、とでも言っていたのを真に受けただけのことである。

もう少し専門的なことを言っておくと、メニングハウスの本も私の本も、その業界では誰でも知っている、有名なドイツの文芸批評家がかなり昔に呈示した議論を、現代思想の文脈でリニューアル・拡張することを起点としているので、肝心なところが似ているように見えるのは当然だ。その批評家の論文と、メニングハウスと私の本の三者を比較対照しない限り、パクったかオリジナルか、という議論は意味をなさない。ID:X39DfVJQ0はその肝心の所が全く分かっていないようである。

そもそも、「もう内容忘れた」のに、どうして「パクリ」と断じることができるのか？ 専門的知識がないという以前に、筋道立てた思考ができない人間のように思える。この点がおかしいのは、やはり他の人物からも指摘され、ID:X39DfVJQ0は何を思ったのか、416番で以下のような、意味の分からない書き込みをしている。

>>399
忘れたのは仲正の本の最後の方
少なくともメニングハウスがカントをまともに読んでいないことは無限の二重化の時点ではほぼ確信したし指摘もされていたはず
その後は知らん

「忘れたのは最後の方」というのはどういう意味だろう？　多分、最後の結論は忘れたが、それまでは「パク」っているのが明白だ、とでも言いたいのだろう。しかし、結論を覚えていなくて、どうして「パクリ」と言えるのか？　また、メニングハウスがカントをまともに読んでいないことが『無限の二重化』が刊行された時点で指摘されていたなどというのは、バカの言い分をそれに輪をかけたバカが鵜呑みにしているとしか思えない愚論である。感情的で雑な学者が、「□□は△△を読んでいない」、と断言することがよくあるが、他人が何を読んでいるかなど分かりようがない。自分の知っているオーソドックスな解釈と違ったことを言っているので、相手が読んでないと決めつけているにすぎないことが圧倒的に多い。具体的な該当箇所に即して、「□□の△△の解釈は、方法論的に支持できない」と指摘するのでなければ、傲慢な人間が他人の悪口を言ったにすぎない。更に言えば、この書き込みから、ID:X39DfVJQ0は、『無限の二重化』が何を論じている本か知らないのではないかという疑問さえ出てくる。この本の議論全体の中で、カントに言及されている部分はごくわずかであり、それもあまり全体のテーマとは関係していない。読んでいる／読んでいない、を話題にしたいのなら、別の哲学者の名前を挙げるべきだろう。そもそもメニングハウスがカントをちゃんと読んでいないことが、私の本にどう関係するというのか？

この点についても、別の人物に突っ込まれて、以下のように答えている。

>>429
無批判に理論を導入していたら誤解もそっくりそのままと思うのが普通だと思うが
海外の研究動向まで追ってないので定説かどうかは知らん

つまり私がメニングハウスをパクっているので、彼のカント誤解をそのまま継承したと言いたいようなのだが、先に述べたように、『無限の二重化』はカントとはあまり関係していないし、私の本のカント関係の記述では、『無限の二重化』は全く参照していない。別のカント研究者とかカント批判者の議論を参照している。読んでいない証拠である。もし、ID:X39DfVJQ0が、あまりできのよくない独文学者かドイツ思想史研究者がどこかで口にしていた片言隻句をうろ覚えで鵜呑みにしてこんなことを言い出したのであれば、あるカント用語が、『無限の二重化』でカントのオリジナルとは違う意味で使われている、というベタな話であろう。しかし、それはメニングハウスや私の問題ではなく、分析の対象になっているロマン派の批評家・哲学者の問題である。そのロマン派の論客たちは、当然、カントがどういう意味でその用語を使っているか分かったうえで、わざと拡大解釈しているし、私や他のロマン派研究者はそれを充分承知のうえで引用している。カントの用語や表現を、意図的にカント自身とは違う視点から解釈することが許されないのであれば、哲学史の発展はありえない。フィヒテもシェリングもヘーゲルもアドルノも、カントをちゃんと読まなかったバカになってしまう。

そもそもID:X39DfVJQ0は、偉そうに正しいカント解釈について語っているが、彼にはカントについての常識的な知識すらあるとは思えない。『純粋理性批判』のA版とB版ではどこが大きく異なっているか、『純粋理性批判』と『実践理性批判』では「理性」の役割がどう異なっているか、「判断力」と「共通感覚」はどういう関係にあるか、といった別にカント研究の専門家でなくても知っていてしかるべき問いに答えることもできないだろう。

もしID:X39DfVJQ0が、メニングハウスのカント理解がおかしくて、『無限の二重化』全体が無茶苦茶になっていると思うのなら、彼にメールで問い合わせて、その真偽を確かめたらいいではないか。彼の勤務先のメルアドは、多少ともドイツ語ができる人間がネット検索すればすぐ見つかる。「海外の研究動向まで追ってないので定説かどうかは知らん」、としゃあしゃあと言ってのけられるID:X39DfVJQ0のことだから、自分でドイツ語のメールを出すことなどはなっから無理かもしれないが。

センセイハ本当ニ憂鬱デアル

少し脇にそれるが、八月に嫌儲板に立った「金沢大教授「Ａｍａｚｏｎは悪口レビューを削除しない拝金主義。あと嫌儲のアホもいずれ論破する」嫌儲ｖｓ仲正ラウンド4」でのID:CYhFlrwB0による妄想に対して一言述べておく。ことの経緯については、前回の『極北』（本書245頁）を読んでほしいが、この人物は、私がアマゾン・ジャパンのJasper Chen社長宛ての抗議メールを日本語で書いたことに関して、

「こいつ大学教授なのに英語も書けねえの　／マジかよ」（１４５番）

とたわけた書き込みをしている。こういうバカに付ける薬はない。日本語のアマゾンのサイトにおかしな日本語で中傷レビューを書いた奴がいて、それに対して私が削除の申し入れをしたところ、アマゾンのスタッフがおざなりの日本語のテンプレート文章を返してきたので、その経緯をはっきり伝えるため日本語でメールしたのである。無理に英語にしても、細かいニュアンスは伝わらないし、英語にしたところで、社長自身は読まない可能性が高そうなので、無駄な翻訳努力をしなかったまでである。私は必要があれば、英語でもフランス語でもドイツ語でも、海外の学者やお役所とメールや手紙でやりとりしている。これまでデリダ、ローティ、ドゥウォーキン、ドゥルシラ・コー

ネル、ナンシー・フレイザーなどの著名人とやりとりをしたことがある――こういう名前を出しても、2ちゃんねらーにはちんぷんかんぷんだろうが。英語とドイツ語なら、来日した学者の通訳を何回もやっているし、フランス語でも学問的なやりとりができなくない。読むだけ、あるいは多少の会話だけでよければ、あと何か国語かできる。思想史をやっている学者にはそんなのは大して自慢するほどのことではないので、普段いちいち強調していないだけである。ID:CYhFlrwB0 のような英語コンプレックスの塊で、大学教員は英語ができないと決めつけたがるバカがあちこちで増殖しているおかげで、文科省とか金沢大の学長とかが、日本の文化や法律・社会制度に関する授業も英語でやれ、英語化の数値目標を掲げよ、などという狂った政策を打ち出すことになるのである。

学者のふりをして流言飛語を飛ばす輩に話を戻そう。先ほどの「金沢大の仲正教授「嫌儲民は反知性主義でネトウヨと同類」　嫌儲ｖｓ仲正ラウンド3」の続きの、「金沢大の仲正教授「嫌儲民は反知性主義でネトウヨと同類」　嫌儲ｖｓ仲正ラウンド3　★2」というスレッドに、理系の研究者のふりをした「ID:vr1d5y0H0」という人物が、見当外れの書き込みをしている。嫌儲板の住人が、どんなことが話題になっているかに関わらず、やたらと「三行で説明しろ！　三行で説明できないのは、内容がない証拠だ！　はい論破！」、などと叫ぶことに関して、以前この連載で、その発想のおかしさを指摘したところ（本著233頁参照）、それに対する反論のつもりで、以下のように述べている。

どんなに本文が長かろうと、さっと目を通して主旨が把握できるような

アブストラクト（3行じゃないにしてもさ）を書く訓練は普通するけどね
出版される論文のアブストラクトとは別に、投稿時の編集向け主旨説明は本当に3行ぐらいだったりするし、
学会への応募とか学会の記録記事とかあらゆるフォーマットに対応させられる
まー、文系は大御所のおじいちゃんに子守唄うたってれば、エラい誰々さんの弟子ですとか覚えがめでたいとか
なんとか学派ですとかってので出世できるからそういう訓練はしないのかな？

こいつは何を勘違いしているのか。その分野の研究者同士のやりとりであれば、三行どころか、場合によってはワンセンテンスで通じるのは当たり前である。自分で研究をやって論文を書いているのであれば、それを他の専門家向けに要約できるのは当たり前ではないか。訓練などというほどの大層なことではない。もし文学を研究している人とか、文系出身の文科省のお役人、大学に通ったこともない人に、数行で分子生物学とか量子力学の研究の意義を分からせる、魔法のような技術があるとすれば、話は別である。アブストラクトを書くのにいちいち訓練が必要ということは、ID:vt1d5y0H0は少なくとも一人前の理系の研究者ではないということだ。

あと、「文系は大御所のおじいちゃんに子守唄うたってれば、エラい誰々さんの弟子ですとか覚えがめでたいとか／なんとか学派ですとかってので出世できるから」、と断言するからには、何か具体的な証拠があるのだろうか？「子守唄をうたう」というのは、どういう行為だろうか？そ

んなすごいマインド・コントロールの術があるのなら、是非教えて欲しいものである。有力大学の著名な教授が若い学者を評価する時に、バイアスがかかる、というのは文系・理系を問わずあらゆる分野でありうることである。だからどこの大学・学部・学科でも、教員採用に際しては身贔屓でないことを証明するために、教授会などでかなり細かく選考経過を説明するのが当たり前になっている。

そもそも、偉い先生におべっかを言って取り入るにしても、その先生がボケていない限り、「先生すごいです。尊敬します！」と声高に叫ぶだけで、機嫌がよくなるはずがない。その人のこれまでの研究の蓄積と自分のやっていることをうまく関連付けて説明できない限り、胡散臭い奴として門前払いされるだけだ。最低限、それだけの「要約能力」は必要である。ID:vt1d5y0H0は、自分で一人前の研究者らしい活動をしたことがないので、そうした当たり前のことさえ想像できないのではないか。

これまで繰り返し述べてきたように、嫌儲板などで理系を装って文系叩きをしたがる人間は、文系の学者が書いた論文が難しくて理解できないと、自分の頭が悪いせいだとは思わず、「内容がないから理解できないんだ」、とヒステリックに決めつけたがる。高校・大学の入学試験と同じように、数字とか参考書に出て来る基本単語のような形で、「答え」がはっきり決まるのでない学問は、無価値だと思い込んでいる。以前この連載で、大学では、高校までで大ざっぱに習ったことを基礎から学び直す、それは文系でも理系でも同じはずだ、という主旨のことを述べた（本著222頁参照）。その際、哲学とか文学の例だけだと我田引水っぽいので、ちょっとした理系関連の例を出しておいたのだが、すると、さっそく「仲正は理系コンプレックスがすごい。やばい」、などとバカな反応があった。私が、２ちゃんねらーを相手に知識自慢をしているとでも思っているのだろうか？　どうしてそういう発想になるのか？　こういう連中は、文系理系という以前に、知識とは暗記だと思い込んでしまって、そこから抜け出せないのだろう。

《著者紹介》

仲正昌樹（なかまさ・まさき）

1963年、広島県呉市出身。
1996年、東京大学大学院総合文化研究科地域文化研究専攻博士課程終了（学術博士）。
1995～1996年、ドイツ学術交流会給費留学生としてマンハイム大学に留学。帰国後、駒澤大学文学部非常勤講師（哲学・論理学）などを経て、2004年、金沢大学法学部（現法学類）教授。以来現在に至る。

著書

『金沢からの手紙』、『前略仲正先生ご相談があります』、『教養主義復権論』、『2012年の正義・自由・日本』、『<ネ申>の民主主義』、『寛容と正義』、『ラディカリズムの果てに』、『哲学は何のために』など。翻訳にハンナ・アーレント著『完訳カント政治哲学講義録』（以上弊社刊）。
『貨幣空間』（世界書院）、『モデルネの葛藤』(御茶の水書房)、『ポスト・モダンの左旋回』（作品社）、『日常・共同体・アイロニー——自己決定の本質と限界』（宮台真司と共著、双風舎、2004年）、『集中講義！ 日本の現代思想』、『集中講義! アメリカ現代思想』(ともにNHKブックス)、『今こそアーレントを読み直す』、『マックス・ウェーバーを読む』、『ハイデガー哲学入門 『存在と時間』を読む 』(ともに講談社現代新書)、最新作『現代思想の名著30』（ちくま新書）など多数。他に、作品社による「仲正昌樹講義シリーズ」は『〈学問〉の取扱説明書』以来、最新刊『ハンナ・アーレント「革命について」入門講義』まで、九冊を数え、いずれも好評を得ている。

FOOL《フール》 on《オン》 the《ザ》 SNS《エスエヌエス》
センセイハ憂鬱《ゆううつ》デアル

2017年7月20日　初版第一刷発行
2017年8月30日　初版第二刷

著者
仲正昌樹

発行人
末井幸作

編集デザイン
杉本健太郎

発行・発売
株式会社 明月堂書店

〒162-0054東京都新宿区河田町3-15 河田町ビル3階
電話 03-5368-2327　FAX 03-5919-2442

定価はカバーに記載しております。乱丁、落丁はお取り替えいたします。

ISBN978-4-903145-58-7 C0036

ARENDT

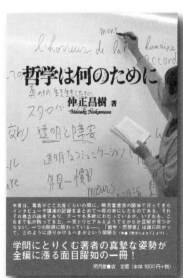